双手万能

黄炎培职业教育思想读本

周汉民 主编

□ 学生篇

上海科学技术文献出版社
Shanghai Scientific and Technological Literature Press

图书在版编目（CIP）数据

双手万能·黄炎培职业教育思想读本：学生篇 / 周汉民
主编 . —上海：上海科学技术文献出版社，2014.11
ISBN 978-7-5439-6399-3

Ⅰ . ① 双… Ⅱ . ①周… Ⅲ . ①黄炎培（1878~1965）—
职业教育—教育思想　Ⅳ . ① G710

中国版本图书馆 CIP 数据核字（2014）第 242164 号

责任编辑：于学松
封面设计：翁政盟

双手万能·黄炎培职业教育思想读本：学生篇
周汉民　主编
出版发行：上海科学技术文献出版社
地　　址：上海市长乐路 746 号
邮政编码：200040
经　　销：全国新华书店
印　　刷：常熟市人民印刷厂
开　　本：650×900　1/16
印　　张：13.75
字　　数：172 000
版　　次：2014 年 11 月第 1 版　2014 年 11 月第 1 次印刷
书　　号：ISBN 978-7-5439-6399-3
定　　价：32.00 元
http://www.sstlp.com

黄炎培先生肖像

编纂委员会名单

主　任：周汉民

副主任：马国湘　李　明　马庆发

编　委：周国平　陈伟忠　徐汇言　毕鹏宇
　　　　方孟梅

校　对：黎同炎　王黎明　何朝霞　邵　婷
　　　　黄婷婷　茹　蘅　朱　懿

序

周汉民

97 年前，著名爱国民主人士黄炎培先生联合蔡元培、梁启超、张謇、宋汉章等 48 位教育界、实业界知名人士在上海创立了中华职业教育社。自此，职业教育在中华大地上生根发芽、开花结果，中国的教育百花园也从此别具一番风景。

以黄炎培先生为代表的老一辈职教人积极投身职业教育实践。1918 年创办的中华职业学校，相继培养了华罗庚、徐伯昕、顾准、秦怡等一大批杰出人才，成为当时国内外颇有影响的"最富有实验性的学校"。1926 年，中华职业教育社联合中华教育改进社、中华教育平民促进会和东南大学，在江苏徐公桥试办农村改进试验区等乡村事业 30 多项。1927 年起相继在上海、南京等地成立职业指导所，面向社会免费开展职业指导服务。职业教育事业一度呈现出欣欣向荣之象。

黄炎培等职教先辈不仅用先进的教育理念指导着新的实践，也在长期实践中不断完善着自己的思想。"谋个性之发展，为个人谋生之准备，为个人服务社会之准备，为国家及世界增进生产力之准备""使无业者有业，使有业者乐业""双手万能，手脑并用""敬业乐群""金的人格，铁的纪律"等凝练的语言，至今依旧闪烁着智慧的光芒。职教先辈们辛勤笔耕，一篇篇文字鲜明地诠释了教育与生产劳动和社会发展之间的关系，至今仍对我国职业教育发展具有重要的指导价值。

上海作为中华职业教育社的发祥地，近百年来为职业教育发展作出了突出贡献。特别是改革开放以后，上海中华职业教育社发挥"统战性、教育性、民间性"的特点和优势，大力开展职业教育、职业指导和职业培训实践，努力为上海经济社会发展服务；积极开展调查研究和建言献策，大力实施"温暖工程"，努力开拓海内外职业教育交流与合作，不断加强自身建设和组织发展。

上海中华职业教育社还从黄炎培大职业教育思想出发破解上海职业教育发展瓶颈，提出上海职业教育改革与发展的主旋律——立足长三角，服务全国，面向世界，形成具有全国领先水平和经济发达地区特征的现代职业教育体系新局面。

教育事关民族兴旺、人民福祉和国家未来。不久前，习近平总书记就加快职业教育发展作出重要指示，指出要弘扬劳动光荣、技能宝贵、创造伟大的时代风尚，努力培养数以亿计的高素质劳动者和技术技能人才。要求各级党委和政府把加快发展现代职业教育摆在更加突出的位置，更好支持和帮助职业教育发展，为实现"两个一百年"奋斗目标和中华民族伟大复兴的中国梦提供坚实人才保障。2014 年 6月，国务院印发《关于加快发展现代职业教育的决定》，全面部署加快发展现代职业教育。这些充分体现了党和国家对职业教育的重视，职业教育迎来了发展的春天。新的职业教育形势对于深入实施创新驱动发展战略，创造更大人才红利，加快转方式、调结构、促升级具有十分重要的意义。

也就在这个时候，乘党中央和国务院加快职业教育发展的东风，由上海中华职业教育社编纂的《黄炎培职业教育思想读本》也陆续出版。这既是对国家加快发展现代职业教育的呼应，也是充分发挥黄炎培职业教育思想现实指导价值的重要实践。

《黄炎培职业教育思想读本》（以下简称《读本》）由学生篇、教师篇、综合篇组成，各篇独立成册。《读本》内容主要选自黄炎培先生的文章和日记,原汁原味地展现其不同时期的主要职业教育思想,以飨读者。这对于学生学习态度的树立和职业技能的学习、教师职业教育教授方法和技巧的掌握、管理机构对职业教育事业的统筹管理,都具有重要的参考和借鉴价值。

适逢《读本》付梓,欣然为序。希望其能成为各位读者学习工作常备之物,并能从中有所得、有所用、有所思、有所乐。若此,则为黄炎培职教思想之幸、职教事业之幸,亦为我们编委会之幸。

2014 年 11 月

代前言

忆念吾父黄炎培

黄大能[①]

　　吾父黄炎培，字任之(1878—1965)，到今年十二月二十一日，离开我们将有十六年了。吾父曾因在乡间办学校，反对科举，反对封建，为此几被清廷所杀，亡命日本。一九○六年他加入刚成立的同盟会，投入了辛亥革命。接着又参加了倒袁运动。他一生从事职业教育事业和爱国民主活动，在中间路线几经碰壁后，终于认清了只有全面接受中国共产党的领导才能挽救中华民族于水深火热之中。于是投身解放区，参加新政协，晚年做了多年党领导下的人民的官和人民的代表。

　　作为他的子女之一，忆念他的生前形象，他的言行举止，他对我的长期思想熏陶，现在把留在我脑海中比较深刻的片断回忆记录下来。

毕生从事职业教育事业

　　我的中学生时代，正是父亲提倡职业教育的全盛时期。他把我

---

① 黄大能(1916 年 8 月 29 日～2010 年 7 月 6 日)系黄炎培四子，曾任中国民主建国会中央委员会副主席，中华职业教育社副理事长。原文载《八十年来》，黄炎培著，文史资料出版社，1982 年版。

从美国教会办的贵族化的上海沪江大学附中转移到他所创办的平民化的中华职业学校来。这个学校以"敬业乐群"为校训,以"双手万能"为校徽。提倡手脑并用,注重实践,并有严格的校规。男学生剃光头,穿蓝色工服,接受中等专业技术训练。父亲多次告诫我:要在社会上成为一个真正有用之才,必须从中等学校就开始接受专业训练。以后,即使你没有机会接受高等教育,也可以在工作岗位上发挥你的专长。

吾父任江苏省教育会常任调查干事时,以上海申报旅行记者身份走遍皖、赣、浙、鲁、冀诸省进行考察。目睹教育与生活、生活与劳动严重脱节的现象,"君子劳心,小人劳力"的毒素蔓延。以后,一九一五年吾父报聘美国商团,参加游美实业团担任编辑报道。旅美三月归后曾云:"观其职业教育之成绩,益觉我国教育之亟宜改革。"于是先在江苏省教育会内附设职业教育研究会,提出沟通教育与职业的主张,又赴菲律宾考察,得到许多华侨的拥护,终于在一九一七年发起成立中华职业教育社。在成立的宣言书上签名的有当时南北前辈名流蔡元培、蒋梦麟、马良、严修、伍廷芳、张元济、郭秉文、聂云台、宋汉章、穆藕初等,还包括许多教育和实业界人士,提出最终目标是"使无业者有业,使有业者乐业";主张当时教育政策的大改革。为了通过实践证明其主张的正确,翌年就创设了中华职业学校。当时设有铁工、木工、纽扣、珐琅各科及附设各种工场,以适应当时国内的亟需。以后改设了机械科、土木科、商科等。由于学校充分发挥了勤劳朴素和手脑并用精神,又由于得到当时我国新兴民族资产阶级的密切合作,中华职业学校各科毕业生都得到社会各界的欢迎,竞相邀聘。记得我在一九三四年中华职业学校高中土木科毕业后,和若干同学被派赴湖南衡阳粤汉铁路株韶段工程局实习。中华职业学校规定毕业后实习一年成绩优良才发证书,而我们这几个毕业生都有出色成绩,都得到十分好评。我在短短一年时间内描绘及设计了大小桥涵图纸百余张，主管总工程师评以不亚大学毕业生。这当然和在校时接受刻苦并且实用的教育分不开的。虽然以后我又入大学，又出国进修，而抚今追昔，实乃奠基于中华职业学校高中土木科的三年就学。

中华职业教育社成立后受到各方重视。海外有南洋华侨（特别是陈嘉庚先生），国内有新兴民族资产阶级（特别是纺织界巨子聂云台、徐静仁、穆恕再、穆藕初、刘柏生等）慷慨捐赠，经费不虞匮乏。因此早在一九二二年就在北京政府的新学制中确立了相当于初中和高中的职业教育地位。当时职业教育已成为一时风尚。

中华职业教育社从创办开始到一九四九年全国解放为止的三十二年中，除上海中华职业学校先后培育七千余名毕业生外，还办有重庆中华职业学校，上海和重庆中华工商专科学校，南京女子职业传习所，镇江女子职业学校，四川灌县都江实用职业学校，昆明中华业余中学，上海比乐中学，并联合地方实业界人士合办了各类职业学校，还在上海办过七个职业补习学校。为了指导青年就学和介绍就业，从一九三四年起，在上海又办起一个职业指导所，以后在重庆、桂林、昆明都办了起来。一九二六年在昆山徐公桥成立乡村改进实验区，进行文化教育工作。八一三以后，职教社在川、滇成立分社或办事处，都设有学校或工厂。中华职业教育社先后出版有一百二十多种书刊。其中《教育与职业》期刊连续出版三十多年之久。邹韬奋同志主编的《生活周刊》也曾是职教社所办的刊物。以后还出版过《国讯》《展望》等进步期刊。

与中华职业教育社有一定联系的是一九二四年吾父另又创设了一个专门搜集、整理、分类、保管政治、经济、文化、学术资料的组织。因创设之年岁次甲子，故称"甲子社"。一九三一年改称"人文社"。我父曾说："这些工作，原该政府主办，但民国以来，军阀割据，内战不息，中央政令不出都门，哪里会想到办这些赔钱的事。所以只能由我们百姓来担当。"确实,甲子社成立后为了筹措经费,煞费苦心。正临绝境之际,幸得叶鸿英先生一九三二年慨捐五十万元(当时合黄金万两)作为办社基金,于是改名"鸿英图书馆"。这个组织一九三〇年起出版《人文月刊》,前后八年,共出八十册。到一九三五年止,藏书64 802册、图表219幅、报纸49种,选辑各种史料达一百多万件,杂志日报的要目索引达十五万多片。

吾父提倡职业教育中曾遭国民党政府多次打击,一九二七年北伐军到上海,江苏省教育会被封闭,财产被清算没收,职教社和中华职业学校都被暴徒捣乱。吾父被扣"学阀"之名,与军阀一起在被打倒并通缉之列。吾父于是再度亡命,去苏联未成而走大连。留下的职教社的工作幸得江问渔、杨卫玉几位志同道合的战友苦撑维持。然而当时职教社已誉满中外,国民党虽然忌恨,也无可奈何。职教社在这内忧外患的恶劣环境中,度过了八年抗日战争和三年解放战争,始终不曾停止活动。在重庆活动中,还得到中共组织的支持。我们敬爱的周恩来总理以及董必武、邓颖超等同志常与吾父接触。周总理还曾为《国讯》写过文章,并于一九四〇年在职教社举办的"星期讲座"上作过国内外形势的报告,当时轰动了山城。

中华职业教育社就是这样维持到全国解放,获得新生。到一九四九年止,在全国联系的社员已达三万之多。上海雁荡路还有自建的社屋。解放后,北京、上海、昆明等地继续进行各种教育活动,创办了北京函授师范学校和中华函授学校。

一九五七年,在北京举行立社四十周年纪念。敬爱的周总理参加了纪念会,并作了重要的讲话。

参加辛亥革命

吾父生于上海浦东川沙县。二十岁左右时,血气方刚(一九〇一年生我大哥,取名方刚),虽曾乡试中举,却决计跨上新文化教育岗位。先曾在上海南洋公学(今交通大学前身)特班就学。在老师蔡元培的影响下,增强了办学校以唤醒民众扫除愚盲的决心。于是一九〇三年在川沙县和几个朋友一起办起小学堂来,标榜要反对封建统治,用新教育来救中国。正课以外,到处请人演说,宣传清廷腐败,外国侵略面临国破家亡,宣传吸鸦片、赌钱、女子缠脚都是亡国弱种的勾当等。听者人山人海,触痛清廷。在六月间的一次新场镇的演讲会上,被地方痞棍密告南汇知县戴运寅,以毁谤皇太后、皇上的罪名,把吾父及顾次英(号仲修)、张志鹤(号伯初)、张尚思(号恂九)四人拘捕起来,当作革命党,报请两江总督魏光焘、江苏巡抚恩寿批准就地正法。就在批文到达前一小时,这四个青年被上海基督教洋人总牧师所保释,而吾父和顾、张两难友在同情者的资助下一起亡命日本了。

　　其实那时国内还没有什么革命组织。同盟会是一九〇五年成立的,吾父亡命日本一年归来,因事过境迁,未再追究,于是又在乡间办起了学校。其中著名的是上海浦东中学,它是由建筑工人起家的杨斯盛先生毁家兴学先后捐银二十四万两所创建的。

　　一九〇五年七月,吾父应蔡元培老师之招到他家里。蔡告以:"现在爱国志士集中于中国革命同盟会。同盟会是孙中山先生领导的兴中会,黄克强先生领导的华兴会和无政府主义派连同其他革命人士结合起来的,你愿意加入否?"父答:"刀下余生,只求于国有益,一切唯师命。"于是以"驱除鞑虏,恢复中华,建立民国,平均地权"为誓言而正式成为中国革命同盟会会员,以后吾父接蔡任同盟会上海干事,保管党员名册。曾招待过路的革命领袖廖仲恺等。孙中山先生当时亦曾坐法国兵舰过沪,从船上招往相见,但错过机会未遇。吾父与中山先生的亲切谈话,是在辛亥革命以后。孙先生卸脱政权在沪闭门写《孙文学说》之时,忽招吾父畅谈"知难行易"的道理。当时宋庆龄先生亦在座,并共餐。

辛亥革命前夕,吾父受江苏苏南各县公推到苏州劝江苏巡抚程德全起义。江苏和平光复后,程德全为江苏都督,吾父即留在苏州工作。接着程德全率军攻下南京,驱走清廷走狗张勋。一九一一年十一月十四日,程德全、黄兴等集合各地民军代表在沪召开全国共和联合大会。会场就设在江苏省教育会内。该次会议公电孙中山回国主持大政,公举黄兴为大元帅,黎元洪为副元帅,国名定为中华民国。黄兴等还建议以红黄蓝白黑五色国旗象征汉满蒙回藏五族共和。

江苏省教育会的前身是一九〇五年成立的江苏学务总会,是由吾父和沈恩孚(信卿)、姚文枏(子让)、袁希涛(观澜)、杨廷栋(翼之)等发起成立的。当时推张謇为会长。这个虽属民间的教育性组织,由于这些人的威望和影响,逐渐成为不仅在江苏而且为全国的教育领导中心。吾父当时通过对全省大部县份的调查,对全省教育设置作了通盘安排。特别由于他发起成立了一个教育经费管理组织,划出几种省税作为教育专款而使江苏省的教育当时得以在全国领先发展。辛亥革命后,吾父在江苏都督府负责教育科的两年内,曾创建、改建及扩建了省立二十四所高等和中等学校以及大量县立小学。当时南京东南大学(后改中央大学)、暨南大学(后吸收侨资,迁沪)、河海工程学校、江苏蚕桑学校等都是该一时期先后成立的,吾父这些活动也为以后办职业教育打下了基础。

从九·一八、一·二八到八·一三

从一九三一年九·一八帝入侵我东北,一九三二年一·二八上海淞沪十九路军抗日战争到一九三七年七七事变后的八·一三上海抗日战争爆发,正是我十五岁到二十一岁在沪高中到大学的青年时代。两次战火都在我身边燃烧。而吾父对我的身教言传,给我深深地灌输了抗日救亡的爱国主义思想。

九·一八东北沦陷,蒋介石的不抵抗主义遭到全国人民的怒斥。

学生救亡运动席卷全国。我在中华职业学校求学时期是走读生。办墙报、演话剧、沿街募捐支援东北义勇军，常常深夜回家。吾父平时家教极严，子女晚归常遭训斥，而这一时期一反常规，竟然慰勉有加。特别不能忘记的是在一·二八淞沪战役中，为了支援十九路军抗日，我们全家男女老少在父亲带领下曾连续几个晚上制作丝棉背心送往前线。原来吾父该时已发起成立了上海市民地方维持会（以后改称上海市地方协会），与十九路军蒋光鼐、蔡廷锴和以后的第五军张治中将军等取得联系，宣传动员上海市民供应军需物资、筹募捐款。一九三七年八·一三抗战期间，上海地方协会在战区救济、救护、推动民族工业内迁以及慰劳、募捐等方面也做了不少工作。

　　还有一件难以忘怀的事是一九三五年一二·九学生运动时，我在复旦大学参加上海各大学学生组成的赴南京请愿团要求蒋政权出兵抗日。学生队伍冲破军警层层阻拦，到达北火车站僵持。当晚我父竟和我母深夜亲来车站慰问。在朦胧月色的站台上，父母对我谆谆嘱勉，吾父在我耳边低声说："胆要大而心要细，要勇敢而有策略。"

　　早在一九三一年春，吾父偕江问渔先生等到日本考察教育。当时已发现日本反华战备气氛极浓，在乡军人十分活跃，并曾购得三本充分暴露日本军阀侵华计划的书。归后带着"日本即将侵我的预感"，多方奔告。到南京找到外交部长王正廷时，王竟大笑，说："如果黄某知道日本要打我，日本还不打哩！如果日本真要打我，黄某岂能知道？"直到同年九·一八事变爆发，再到南京面诘王正廷时，恰逢抗日请愿学生冲入外交部。王因会见吾父而不及躲避，乃被殴伤。吾父在日记上大书："活该！"这也说明蒋政权对日是蓄意不抵抗的。

延安归来

　　一九四五年六月，吾父在重庆任国民参政员期间，曾与褚辅成一起推动几位参政员联名致电延安党中央毛主席，吾父六月二十二日得回电欢迎他们访问延安商谈国事。于是,父偕同褚辅成、冷遹、左舜生、傅斯年、章伯钧等七月一日至五日从重庆飞延安访问了五天。这个短短的五天,却成为吾父一生中的重大转折点。当时抗战已入末期,胜利在望,而国共合作,由于蒋政权的种种破坏,几濒破裂。常驻重庆的周恩来同志也已回到延安。吾父只是抱着促进国共在和谐气氛中恢复商谈,召开国大实施宪政的心愿而去,却从解放区铁一般的事实中认识了真理。

蒋政权在大后方曾制造大量诽谤解放区的谣言。吾父一回重庆,在极短时间内写成《延安归来》一书,用日记方式详细记载了亲眼目睹的中国共产党施政政策和解放区的成就,给各种荒唐谣言以当头一棒。这本薄薄七十四页的小册子,在当时大后方和港、沪敌占区产生了巨大的政治影响。国民党原有严厉的书报出版审查制度以扼杀进步言论,而这本书拒不送审竟突击出版发行。出版当天,特务四处搜禁,以为必定是重庆《新华日报》出版,却不料是中华职业教育社《国讯》书店出版发行。待到查明,早已销售一空。以后并在上海沦陷区翻印,前后共达十几万册。这不能不触怒国民党而造成以后特务在重庆张家花园菁园吾父居处抄家搜查的暴行。

延安访问时间虽短,吾父有机会认识了大部分党中央领导同志和高级将领,特别是有机会和毛泽东主席多次促膝长谈。这里有两段从《延安归来》中摘录的文字记载,反映了吾父在延安的见闻和当时的政治态度。

吾父曾在延安欢迎大会上发言:

　　……第二目的想来看看延安。我们来到这里,还只有一天半,当然不够资格说什么话,不过就我所看到的,没有一寸土是荒着的,也没有一个人好像在闲荡。有一位朋友告诉我,政府对于每个老百姓的生命和生活好像都负责的,这句话做到,在政治上更没有其他问题了……

另有与毛主席问答的一段：

有一回，毛泽东问我感想怎样？

我答：我生六十多年，耳闻的不说，所亲眼看到的，真所谓"其兴也浡焉"、"其亡也忽焉"，一人，一家，一团体，一地方，乃至一国，不少单位都没有能跳出这周期率的支配力。大凡初时聚精会神，没有一事不用心，没有一人不卖力，也许那时艰难困苦，只有从万死中觅取一生。既而环境渐渐好转了，精神也就渐渐放下了。有的因为历时长久，自然地惰性发作，由少数演为多数，到风气养成，虽有大力，无法扭转，并且无法补救。也有为了区域一步步扩大了，它的扩大，有的出于自然发展，有的为功业欲所驱使，强求发展。到干部人才渐见竭蹶、艰于应付的时候，环境倒越加复杂起来了，控制力不免趋于薄弱了。一部历史，"政怠宦成"的也有，"人亡政息"的也有，"求荣取辱"的也有。总之没有能跳出这周期率。中共诸君从过去到现在，我略略了解的了，就是希望找出一条新路，来跳出这个周期率的支配。

毛泽东答：我们已经找到新路，我们能跳出这周期率。这条新路，就是民主。只有让人民来监督政府，政府才不敢松懈。只有人人起来负责，才不会人亡政息。

我想：这话是对的。只有大政方针决之于公众，个人功业欲才不会发生。只有把每一地方的事，公之于每一地方的人，才能使地地得人，人人得事。把民主来打破这个周期率，怕是有效的。

以上这段对话，即使从三十五年后的目前政治形势看来，也还是值得回味和警惕的。

　　一九四〇年十二月,吾父和张君劢、左舜生、梁漱溟等发起成立"中国民主政团同盟",以后改称"中国民主同盟"。在民盟早期历史上,由于成员十分复杂,在国共两党间实际上走的是中间偏右路线。成员中,张君劢的国社党,左舜生的青年党最后都投降了蒋介石。职教社当时是作为一派参加了的。吾父一九四五年七月延安归来,模糊思想逐渐澄清,乃于同年十二月与胡厥文、章乃器、杨卫玉等联合以工商界人士为主另外成立了"民主建国会"。以后的行动,虽仍没有离开中间路线,想在国共之间做调人,达到和平、团结、民主、建国的目的,但立场有所转变。在一次又一次的事实教育面前,终于找到了中国共产党指引的正确的道路。

　　吾父一生从事职业教育事业,希图造福公众,但在艰苦复杂的境遇中,走尽了曲折的道路。他在真挚的爱国主义思想驱使下,热情投入了抗日救亡运动和民主运动中。终于认识到,救国的出路只有一条,就是紧跟中国共产党,打败蒋介石,建设社会主义。

从坚拒做官到做人民的官

　　我们做子女的,从小都有一个深刻印象:父亲一向拒绝做官。然而一九四九年中华人民共和国成立了,我在大连工作时,从报上竟然看到吾父出任中央人民政府政务院副总理兼轻工业部部长的职务,异常纳闷。一九五〇年到北京公干,一见吾父,我就问起:"一生拒不做官,恁地年过七十而做起官来了?"父亲然后详告周恩来总理向他动员经过,父亲最后严肃地向我道:"以往坚拒做官是不愿入污泥,今天是中国共产党领导下的人民政府,我做的是人民的官呵!"吾父自一九五四年被选为全国人民代表大会代表,并任人大常委会副委员长,直到一九六五年病故。

　　我自幼就多次听说,民国初年,袁世凯和以后的北洋政府曾两次电招吾父去北京担任教育总长,吾父都坚辞不就。袁世凯曾无可奈何地给了他八个字:"与官不做,遇事生风。"这八个字其实也完全适用于吾父对待蒋介石的态度上。

一九二七年蒋介石一登台,先是通缉吾父,称吾父为"学阀",逼吾父又一次出亡。年后悄悄回来,卖文为生,闭门读书三年。然而以后蒋的态度忽变,改迫害为拉拢,前后有过多次,或封官许愿,许以特权,或提携后代,予以优待,都被吾父一一婉拒。值得一提的是一九四六至一九四七年间蒋介石对他最后的拉拢。

抗战胜利以后,吾父代表民盟,与其他民主人士一起作为第三方面在国共间调停内战。蒋介石撕毁旧政协决议,凶相毕露,仗其美帝提供的优势军备,企图一举先在东北侵占解放区。在蒋管区,一九四六年六月,南京下关上海和平呼吁代表被殴在先,七月,昆明李公朴、闻一多被害在后,形势十分紧张。蒋介石威胁利诱,一再通过他人企图拉吾父"下海"参加伪国大,脱离民盟。吾父曾坚决表示:(1)不能同意于不统一、不团结之下通过宪法,此是不通之路;(2)我不能与人共走不通之路;(3)欲我脱离民盟,不能自毁人格。为了表明心迹,曾在上海赴南京请愿代表聚会上出示题为《吾心》的近作七律一首:

　　老叩吾心矩或违,十年回首只无衣。立身不管人推挽,铄口宁愁众是非。渊静被驱鱼忍逝,巢空犹恋燕知归。谁仁谁暴终须问,那许西山托采薇。

事情未完。一九四七年国共和谈全面破裂。三月,中共代表自南京撤退,调解彻底失败。三月十八日,蒋介石入侵延安,得意忘形,执意单独召开伪国大。这时,青年、民社两党已投降蒋介石,全国大捕民盟盟员。十月七日盟员杜斌丞被害于西安。南京民盟办事处被警察包围。蒋政权宣布民盟为非法团体,更大规模的逮捕即将到来。十一月初,吾父在沪奉民盟中央之派与叶笃义同志到南京交涉。该时我在南京资源委员会工作,盟务活动已转入地下(我于一九四六年在父兄影响下加入民盟)。父宿我家,得以与他彻夜谈心。翌日同游玄武湖。父即景写下一诗,足以表明他当时的心情:

玄武湖秋感三绝

一九四七年十一月二日南京

黄花心事有谁知,傲尽风霜两鬓丝。争美湖园秋色好,万千凉叶正辞枝。

红黄设色补寒苔,点缀秋光枉费才。毕竟冰霜谁耐得,青松园角后凋材。

那有秋纨怨弃遗,金风尽尔鼓寒漪。谁从草际怜生意,百万虫儿绝命时。

经过那次谈判,在调停内战彻底绝望形势下,民盟总部在沪领导成员决议,总部领导总辞职。当发言人叶笃义在向楼下新闻记者和布满特务的群众宣布时,眼眶中满含着泪水。此后,部分民盟领导转移香港,盟务活动则全部转入地下。吾父亦不得不在地下党协助下,立即转移解放区。我的二哥,民盟兼民建成员黄竞武终于在上海解放前夕被蒋介石逮捕惨杀。血的教训更教育了我的父亲。

后记

吾父出身于一个贫苦没落的知识分子家庭。祖父仕道失意,郁郁早死。吾父十三丧母,十七失父。兄妹三人依靠外婆家长大。早期人生哲学来自"民吾同胞,物吾与也"。把同类尽视为兄弟,把异类尽称为"吾与"。他怀着造福公众的理想,在旧社会中不做官,不要钱,所以深得许多华侨富商的信任,他六下南洋,得到侨商捐以巨款办起教育事业。他尽管性情急躁,"矫矫不群",然终因能洁身自爱和待人以诚,得到相当一批同志的爱戴。

吾父教育我做一个正直的人,勤恳的人。他给我的座右铭,今天看来似仍有适当价值。兹抄录如下:

> 理必求真,事必求是,言必守信,行必踏实。
> 事闲勿荒,事繁勿慌,有言必信,无欲则刚。
> 和若春风,肃若秋霜,取象于钱,外圆内方。

一九八一年三月

目录 CONTENTS

一

学习与发展

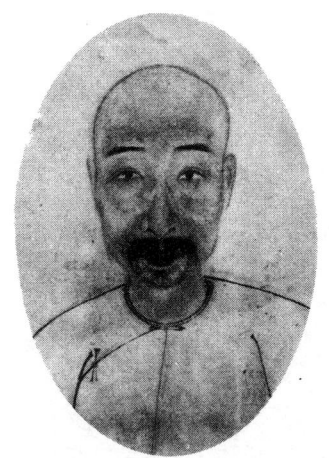

黄炎培父亲黄叔才画像

1878年10月1日，黄炎培出生于江苏川沙城厢镇"内史第"宅院。其父黄叔才是清代贡生。"内史第"宅院的主人沈树镛是黄炎培的姑祖父，清咸丰年间的内阁中书。其姑丈沈毓庆曾投笔从戎，后回家乡创办毛巾工厂，成为上海毛巾工业的创始人。

黄炎培故居

爱国学社

　　黄炎培受蔡元培先生"教育救国"思想的启发,决意投身于开启民智、唤起民众的"教育救国"的社会实践。

　　1903年,黄炎培回到浦东川沙后,即与浦东川沙有教育救国思想的朋友陆逸如、张志鹤、潘敏斋等人一起商量在家乡办学,并将浦东川沙城内唯一的一所"观澜书院",改办为新学制的川沙小学堂,开创了我国举办新学制小学堂之先河。

　　黄炎培对大儿子黄方刚寄予厚望,黄方刚不辜负父亲的期望,攻读哲学,在美国学习五年获哲学博士学位,在哲学方面有很高的造诣。1935年4月4日,黄炎培与儿子黄方刚一起游玩峨眉山时,特作诗一首。

儿方刚生日同上峨眉金顶

1935 年 4 月 4 日

母今生汝劬劳日,堕地于今卅五年。

迢递迎从宵汉下,间关扶上大峨巅。

功名期望皆身外,天地庄严在眼前。

此体此心都付汝,母心纯善体纯坚。

黄炎培教育孩子们不仅重于身教,还重于言教,他经常给儿女们写座右铭条幅以资勉励,其中有一幅:"理必求真,事必求是;言必守信,行必踏实。"另一幅是:"事闲勿荒,事繁勿慌;有言必信,无欲则刚;和若春风,肃若秋霜;取象于钱,外圆内方。"把这些阐述做人道理的座右铭,分送给每一个子女。

1947 年,黄炎培视察中华职业学校

开头四句,他告诫儿女,做人一定要追求真理,不被纷杂的邪说所诱惑,以致误入歧途。凡事首先要探求其内在的客观规律性,按客观实际去做。讲话应当守信用,行动应踏踏实实,不轻浮。

中间四句是对儿女日常的要求。事闲的时候,最易养成慵懒的恶习,要警策自己,抓住时间,勤奋用功,切莫荒疏了学习;事忙繁杂的时候,易生焦急的情绪,急躁就会因冲动而做出缺少理性的事来,一定要冷静沉着,切忌慌忙。说话算数别人就会相信,没有私欲就会变得刚正,理直气壮。

最后四句,意味深长。他要求儿女对待同志和蔼可亲,像春风一样暖人;对坏人坏事像秋霜一样凌厉。在原则是非上,应该爱憎分明,不可模棱两可。结句用"古钱"外圆内方比喻,要求儿女外表随和,内里严正,养成谦虚谨慎的作风,不要锋芒毕露,盛气凌人。

黄炎培先生1927年读书写作照

1 《学生自治号》发行的旨趣

本社所办中华职业学校,学生入学的时候,一律要写誓约书。就是:

一、尊重劳动(学生除半日工作外,凡校内一切洒扫、清洁、招待等事,均由全体学生轮值担任);

二、遵守规律(校中由全校学生组织自治团,自订一切规律而自守之);

三、服务社会(学生除校内服务外,兼于校外从事一切相当之服务)。

因为办职业教育,最易犯两种病。其一,学生误解了"自尊"的一个名词,于是不知不觉看轻一切作业。随你学什么工艺,都成为贵族的工艺。除掉规定工作课程以外,不愿动手。现在的实业学校,犯此病的很多,于将来就职业上,很有障碍。其二,仅仅教学生职业,而于精神的陶冶全不注意,把一种很好的教育变成器械的教育,一些儿没有自动的习惯和共同生活的修养。这种教育,顶好的结果,不过造成一种改良的艺徒,决不能造成良善的公民。现在各地慈善机关所办教育,犯此病的很是不少。吾们既看出这两种病象,所以十分注意。在工作和授课以外,极力提倡劳动、服务,而一切归纳于有系统的自治里头。从初起时,就注意这点,如今倒有一年多的光阴了。

我们的学校,本是试验性质,很欢迎各地方教育家来参观和研究。开办以来,参观者着实不少。对于吾校自治的组织,非常注意,常有要章程的、问各种组织法的。吾校本取公开主义,断没有不可以告人的。只是有一层须声明,来宾参观后,要是误会了意思,以为职业学校才应该有这种自治的组织,那就大错。须知那一种学校不应该提倡自治呢? 不过说职业学校也应该这样罢了。

五四以后,各学校震于学潮的利害,大家议论今后的教育方针。于是学生自治,成为一个新流行的极时式的名词。各地教育家向吾校要自治组织法,做他们参考的更多。我校早早声明是试验性质,供大家研究的,岂不是"正中下怀"么? 所以急急忙忙,把吾校一年间关于学生自治的事情和教员对于这问题的意见,统通编辑起来,成为本杂志的一种专号。

只是吾们有三种意思,要向读者郑重声明的:

一、吾校虽是职业学校,但学生自治问题,是各种学校共同的。万不可误认为是职业学校才要有这自治办法。

二、自治怎么样组织,要看学校性质和学生状况,才可以斟酌规定。万勿随意抄袭举办。就是吾校也随时变更的。

三、吾校初创办,同人知识很浅,这样办法对不对,务求读者诸君不客气,赐教赐教。

(原载《教育与职业》第十六期,一九一九年)

2 "五四"纪念日敬告青年

"五四""五四",于今一年了。这一年间,社会空气,忽而紧张,忽而散漫,不知变化了多少? 青年心理,忽而喜,忽而怒,忽而悲苦,不知变化了多少。就是社会对于青年的态度,也不知变化了多少? 吾敬爱的青年啊! 身受的痛苦,还是有限,像诸君这样单纯洁白的脑筋,如何受得住这样恶浊社会所蒸发的甜酸苦辣的滋味。假使国家政治修明,用不着诸君费这样大的气力。又假使一般国民有爱国心,有实力,足以监督指导政府,也用不着诸君在青年时费这样大的气力。诸君生在这时的中国,算是诸君的不幸了。转过来一想,成败不足论,苦乐不必计,这种甜酸苦辣实实在在的经验,倒是无价之宝。诸君受了以后,用冷静的头脑,下一番亲切的考省工夫,优点啊,发挥他。弱点啊,修补他。比呆读死书,正不知得益多少哩? 今天是第一个"五四"纪念。把吾所欲贡献于诸君,以及所听得人家希望诸君的话,认为很有价值的,分条写出。请吾敬爱的青年,平心想一下。

一、不论什么事,切不可忘掉两个问题。就是"是什么"? "为什么"? 在意气极盛时,更要注意。

一、"爱国不废求学,求学不忘爱国"真是至理名言。宜切记。宜实行。

一、根本救国,必在科学。倘使没有人肯用冷静的头脑,切切实实在科学上做工夫，吾国万无存在的希望。

一、学生自治，是学校最好的结合。（参观新教育第一卷第三期美国学生自治研究委员会宣布）依年龄和程度，为相当的组织。吾人须了解学校自治真意义，实共和国家的基础。对己在以自力养成规律的生活。对人在以群力发挥服务的精神。

一、关于社会服务的种种事业，吾人应认为神圣高尚的天职。勿因社会腐败而厌弃他。应原谅他，开导他。勿因社会锢蔽，不从吾开导而强迫他。应以诚恳的态度，不厌不倦的精神劝化他。

一、劳工神圣，是吾人良心的主张。吾人对于可怜的工人，须尽力设法给他相当的知识和待遇，须根本上救助他，使他彻底觉悟。不愿专挑动他粗暴的意气。因为无知识，即无实力，单是意气。转使他陷入苦境。是吾人良心不安的。

一、社会大病在虚伪，在苟且、在猜疑、在倾轧诟骂，在遮遮掩掩。就为如此，所以国事糟到这田地，吾人万不可染这习气，务须至诚、切实、公正、光明磊落，彼此原谅。

一、人尊敬我，推重我，称道我，勿因而自夸自大，有规劝我的，是他的好意，勿拒绝他。就是有非笑我的，也是他的失德，勿怀恨他。

一、无论爱国运动，文化运动，勿因收小效而自满。勿因遭小挫而灰心。最要紧的，是采用绵续不已的精神，采行有效的方法。

吾敬爱的青年啊，这都是良心话，并不是就要诸君做，是要诸君想。想来对的，吾人大家去做是了。

（原载《新教育》二卷五期，一九二○年）

3 学商业的青年自省七条

这几天曾到上海江苏省立商业学校和南洋商业学校讲演，就用这七条做资料。吾对于学商业的青年所要讲的话，简之又简，差不多全在个中了。青年呀！你们要是认这七条不错的，很望你们每天把这七条向自己考问一遍。教青年的先生们呀！你们要是认这七条不错的，很望你们把学校一切设施，望定这七条一一做去。

一、你能了解"商"的真意义在服务社会而尽力做去么？

二、你能认定一"诚"字做一切道德的根本而尽力做去么？

三、你办事勤么？

四、你能随时随地发挥合作的精神么？

五、你能练成敏捷而善决断么？

六、你能使自己的习惯适合于你所想进的商业社会，然后用稳健方法改进他们么？

七、你能把应用的知识和技能修习得十分纯熟么？

（原载《教育与职业》第四十五期，一九二三年）

4 谁养我歌

——徐公桥全体村民公献

谁养我

谁养我的生命？一半是自家本领。

那一半靠谁呢？

快来！快来！快来！

分我有用的精神，有限的时光，

来帮大众的忙。

大众！大众！

献我一颗赤裸裸的心，

唤醒你几千年黑沉沉的梦。

你有工夫为我忙呀。

我有气力供你的用。

到甚时候呢，才得见！

无业者有业，有业者乐业，

恭喜你可怜的大众？

中华职业教育社社所落成

黄炎培作歌以献

（原载《教育与职业》第一一六期，一九三〇年）

5 高中女生的升学问题
——答巴县歇马场××女士

××女士：读你来信，感动得了不得，你的真诚、你的热烈，心思又周到，（连邮票都附来）使我不能不在接信后两小时内，万忙之中亲笔复这一信。

我第一句安慰你的话，我一定尽吾全力来帮你忙。我虽是个老人，（也不算顶老，并且不觉得老，我只有六十四岁。）我是四十年来青年之友，只须你愿意做我的朋友。

我首先要答复你的，你看了许多老百姓，尤其是农民们的苦痛，你有些抱不平。荫碧！你知道我在社会奔走到今四十年，为什么不忍放松一步，就是为这一点呀！为什么？改良政治，革新社会，从源头上做起，要改进并推广教育，并且要深入广大的农村，都是为这一点呀！可是吾们家乡——我是江苏省上海附近川沙县人——有句老话"不要气，只要记"我再来续一句，"不要喊，只要干"。我们一班同志干的是什么？是办职业学校——重庆所办有机械工科、土木工科，（男女兼收），商科（男女兼收）办职业补习学校，科目很多，办农村改良（四川所办在成都郊外）办职业指导所，专事指导男女青年求学及谋职业。这是我们所干的工作，此外还有工厂，书报发行等。对象都是青年。并且希望青年来参加的。

其次，我要答复你求学问题了。你的家长认为女子高中毕了业，不必再读，这是老一辈人的看法不同，不是不爱你，决不能错怪老人家的。只有用种种方法来说劝，来劝改他们的主张。不知你还有什么长亲像伯伯叔叔母舅姑夫姑母之类，能帮你的忙？不知你有什么邻居，什么地方绅董，他们能了解青年求学的热诚与失学的苦闷，为你帮忙？不知你有什么中学里的老师，能帮忙说话？可惜我都不知道，要是有人能替我介绍的话，我愿意写信给你的家长，帮你说话。歇马场是不是有个乡村建设学院，校长晏阳初先生，也是我的朋友，不知你认得吗？他们能替你想法么？我今天虽没有能力可以立即提出具体的帮助方法，可是你如能替我开出一条路来我是有一分力用一分力帮你忙的。你放心！你千万勿悲伤，勿消极，你有这样向上的志气，文字清畅优美的能力，我誓必帮你完成目的的。

你在乡村里要知识的材料，这更容易办到，我先寄这封信，试试邮递的成绩，我还能想些具体的方法，希望你就复我一封信，看这信到达不到达。

荫碧！你千万勿悲伤，勿消极，你所要求，是人生最正当的要求，"有志者事竟成"是绝对可靠的。完了，祝你　身心都好！

黄炎培　卅、二、廿六

（原载《国讯》旬刊第 266 期，一九四一年）

6 职业与事业

选择职业问题，根据个人二十余年研究及实际经验，认为应当根据下列两点来决定：

一、个人天赋才能和性格。各人天赋的才能和性格，各不相同。有人适宜于活动的工作，有人适宜静态的工作，有人长于某一部门工作，有人对于某种工作最感兴趣，因为他生理心理的某部机能特别发达的缘故。

不过心理学家常说：人类天赋的才能和性格，常言有一种"可塑性"（Plasticity），随时发生一种适应环境的作用，会改变其才能和性格的倾向。就我个人的实际经验看来，人可分为两种：（一）专才——只长于某一事。（二）通才——差不多事事都可以干。换句话说，第二种人"可塑性"特别大。所以我们指导青年，或青年人自己选择职业，首先应当注意是专才还是通才。当然这两种不是容易分别出来的。

二、环境的需要和可能。要把自己天赋的才能和性格，与环境的需要和可能配合。这样，选择职业，才能得到圆满的结果。

谈到职业与事业的关系，先得把"事业"一名词来研究。事业的意义，与其把个人做出发点，毋宁把大环境的需要做出发点。比如在今抗战建国大时代，一切事业都得与抗战大业相配合，所以个人的职业，也要根据这个原则来决定。

人类社会是整个的。我们承认它在不断地进化。什么叫"进化"？依我的解释，人类种种活动，一天一天在调和配合他们一般的生活需要。愈能够调和配合，就是愈进化。还有一点，整个人类社会，一年一年地在那里打通，在那里混合。比如最近三十年来两次世界大战，把国家与国家间，民族与民族间的墙壁，打通了不少。我想第二次世界大战结束时，也许前途只剩余着几道大墙壁了。这种很大的新的变化中间，个人的事业，一定要适应这最新环境的需要。我愿意贡献三点具体意见，也可说这是个人事业值得努力的三个倾向：

（子）我们一切一切，都要把大众做对象。因为今后无论政治，经济，文化，乃至文艺，美术，一切一切，都要看它对于大众的贡献是大，或是小，来判定它的价值是多，或是少。

（丑）工作内容，也是一天一天在那里进步。进步的中心力量，是什么呢？是精确性。我们现在要解释"精确性"，只得援用一个名词"科学化"。如果他的工作，能够极度的科学化，造成极度的精确，这个工作的价值，就是极度的伟大。大规模的世界战争，谁胜？谁败？就是从它们的物质方面，政治方面，乃至战略方面，在比赛它们的精确。谁精确？谁就胜利。

（寅）刚才说过，这次世界大战后，也许小墙壁全部打通，只剩下几道大墙壁，这就是告诉吾们，今后一切工作，都要注重国际性。不但许多工作，以后要变成国与国间的共同事业，并且国内国外有一种好的方法，我即仿效。闭门造车，是一件不合理的事。岂但不应该关了家门造车，就得关了国门造车，也是不行。你要造车，就得看看人家怎样造法，你不能禁止人家仿效我们造车的好方法。为什么不仿效人家造车好方法呢？我希望几千百年以后，我所提的"国际性"这个名词，只可以改称为"世界性"。因为"国"这一名词，只保留在历史中间了。今后做人，要看他对全世界的贡献有多么大。有这样大贡献，就是关了国的人，才是人类社会所最需要的人。

　　个人的职业与事业，都应该根据这种种意义，来找一切适当的解决。下两句是我二十五年前在辽宁省安东县初次唱出的口号："远处着眼，近处着手。"今天仍愿贡献给有志研究选择职业和事业者。

　　　　　　　　　　（原载《国讯》旬刊第 341 期，一九四三年）

# 怎样学习史地？
——黄炎培先生复蔡一先生函

蔡一君：二月十日来信敬悉。承询各点，简答如下：

（一）时代进步，是我们的幸运。大后方黑暗面固然有，光明却正在前面。我们只有感到责任的重大，不能有丝毫失望。

（二）没有学习伴侣的职业青年，自只有从自修入手，研习应用智能。史地一门，为认识社会演进学习社会科学的基本，自可专门学习，也懂得学习。

（三）学习史地，第一步还须从史实及自然地理的研究入手。这一步工夫费的时间相当长，但如果利用坊间出版高中以上学校史地教科书来研读，较为浅近切实，有提纲挈领之效。否则一部二十四史真不知从何读起。在研读时所应注意的：历史方面，应着重近代，地理方面，应从本国及日常生活中了解起。因为尤接近，时间空间的影响尤大，尤有效用。第二步，进而从事史观、专史及地理观、专门地理等比较精深的研究。这是偏重于专门理论的探讨的。同时，在今日研究史地，应一以民族国家做中心，才是最有意义。

（四）学英文最好先请懂得英语的教师，教会字母的发音。以后有机会进补习学校函授学校或自习，最好自宜面授须有基础，再行自习。

（五）独学无友，原是最枯燥最费力的事。但在环境条件不许可时，只有独自求进。一切困难，须以坚毅的精神来克服了。不过，逢人求教，利用机会做学习工夫，还在自己，唯一的要诀，是要打破因为年岁较大的关系，所感到的羞。祝　进步！

　　黄炎培复　　三十二年二月十七日

（原载《国讯》旬刊第 329 期，一九四三年）

二

责任与担当

8 留告四川青年同学书

一、大家把人格建立起来；

二、大家把同情心实现出来；

三、大家把眼光放大起来；

四、努力团结；

五、努力生产。

炎培第一次来四川，自入夔门，到今两个月了。我来川的目标，除了私人游览山水，病后休养身心，和一部分家庭团聚以外：（一）想看看困难声中的四川，究竟天产的丰富如何？民生的疾苦如何？怎样才能完成未来重大使命？（二）想看看四川一般青年思想如何？能力如何？将如何修养以负荷未来责任？基于前一目标，此两个月来，仰赖当局诸公及各地诸友好的指导与助力，东游万县、重庆、江北、北碚，观地方建设；北游绵阳、剑阁，观剑门关天险；西游灌县，观都江堰水源，登青城山，游峨眉、嘉定，上峨眉金顶；南游内江、自贡两井，观糖、盐及天然煤气之利。所至，尽吾目力所及来看，尽吾耳力所及来听，还尽吾笔力所及来记。基于后一目标，凡以对男女青年同学诸君演讲相邀，只须时间允许，没有不应命。自从离开上海，到此时为止，演讲已达三十四次。演讲以外，我男女青年同学诸君，还订期谈话。口头发问以外，书面发问；集团谈话以外，单独谈话。我呢，只须时间允许,没有不应答。有时寓庐缺少坐位,乃至席地而谈。自从成都省党部公开演讲,有人投书于我,说:"今天听讲,几乎使我流下泪来",要求我在离开四川以前,多写几篇关于青年修养的文章,指示青年今后应走的方向。还可怜那边远地青年,另求设法在边远各地报纸转载。我可爱的青年男女同学诸君啊!这不是我的思想和说话能感动人,实是诸君的善于感动,实是诸君的心头,烦闷到极点了,痛苦到极点了。诚然,诚然!在这样环境里,苟有一分良心,怎能不教人烦闷和苦痛呢?

诸君所感受的烦闷和苦痛,我从诸君口头和书面所发问题中,拿来归纳一下,大概不外下列三点:

一、国难严迫到这般地步,想到我国家民族前途究竟怎样才能回复吾们的光荣?维持吾们的生命?

二、历年兵灾匪祸,同胞痛苦到这般地步,吾们该怎样来挽救?

三、回想我们青年自身,国家、社会正在需要人才,但吾们的出路究竟在哪里?

大概诸君心坎里问题,逃不出这三点罢!那么,吾就对这三点,尽吾所知和所能来解答一下。

在吾没有具体解答以前,吾劈头先贡献一句话:"诸君!吾们须坚决地相信吾们中国绝对不会亡的。就是看吾们怎样干法。"

一个国家和民族的生存,有若干条件,看他物产方面的天赋怎样?看他人民的智力怎样?体力怎样?看他民族的历史怎样?这几个条件,不用我细表,诸君都明白。我们不说大话,至少总可以说,件件都在水平线上。所缺少的,就是看吾们人民对自己国家有没有真切的认识?能不能根据他们的认识,从自信心发为勇气?能不能从他们自信心和勇气中间,把各个人的聪明,陶铸成为统一的观念;把各个人的力量,锻炼成为整个的力量?换一方面说,就是看他们能不能把所有聪明和力量,不用在个人的功名、地位、权利种种的争夺、种种的打算上，而完全用在保养和发挥吾国家民族的光荣和生命上？要是他们能了解、能实干的话，我中华国族一定不会灭亡。要是不能的话，本来中国不会灭亡的，就为这一点，结果免不了灭亡。这是我多年来对于吾乡顾亭林先生所著《日知录》上一句名言"天下兴亡，匹夫与有责焉"的解释。

我对亭林先生这句名言的解释，还有进一步较深刻的说法：亭林先生所说"匹夫"，是指人人自方的"匹夫"，而不是指对方的"匹夫"。吾常听到本国人最会骂本国，譬如中国人吗，人人都骂"中国怎么样"！"中国人怎么样"！而没有想到自己就是中国人。本地方人最为骂本地方！譬如上海吗，人人都骂"上海怎么样"！"上海人怎么样"！而没有想到自己就是上海人。吾还听到人人骂人，而把自己提空，譬如老百姓总是骂政府不是，那样不是，政府也是不满意老百姓：愚蠢些，说他们没知识的不好，刚强些，说他们不服从的不好。下级官吏总是不满意上级，说他不体谅僚属啊，待遇不公道啊！而上级官吏也总不满意于下级，说他们取巧，说他们愚笨。乃至文官骂武官，武官骂文官。（当然，政府和老百姓相骂，政府该多负些责任，因为老百姓是被支配的。上下级官吏相骂，多少也有相同处。）学校呢，学生总是不满意教师，不怪自己学得不好，只怪教师不会把学问装到吾脑海里来；教师总是不满意于学生，不怪自己教得不好，只怪学生资质不佳，风纪不良。三百六十行，几乎行行如是。仿佛王阳明先生有这么一回事：有一天，阳明先生和他的学生出外，路上有两人相骂，阳明先生说："你们要注意，他俩正在讲学。"学生不懂。先生说，只须他俩把骂人的话，转过来责备自己，便是圣贤无上的学问了。就为是吾们个个责备别人，不责备自己，甚至你做，他不做，你要骂他；你做，他也做，你还要骂他；你做得不好，他做得好，你更要骂他；搅到所有聪明都用在相骂中间，所有力量都用在相消中间，使得生存条件，永远不能具备，结果便中了亭林先生名言的下半句，就是说："天下亡，你这位匹夫要负相当责任的啊！”

翻过来说，我们站在匹夫的地位，要负起兴天下的责任，却也并不是难事。我们既经了解吾们的国家和民族生存上所缺少的条件，是聪明集中，是力量集中，吾们既然不甘心做安南人、台湾人、朝鲜人，我们先各下一个大决心，把自己所有聪明和力量，不许有一些私藏，不许有一些浪费，完完全全贡献给我国家和民族生存需要的工作上，一切从我个人做起。农工啊！尽我心力来增加生产，改良生产。商人啊！尽我心力来推销国货。教师啊！尽我心力来教民族前途所托命的青年。学生啊！尽我心力来修习将来效用于国家的学业，不管别人怎样，我总是这样。官吏啊！既然献身国家，人人须有鞠躬尽瘁、死而后已的精神：文官，不把政权当做个人立名、个人发财的工具，而但认为是我尽忠报国的机会；军官，不把军权当做保全个人禄位的工具，而愿将军队完全贡献给我国家；领袖，但知服从民众公共的意思，来行使吾领袖的权能，完成吾领袖的职责，对任何方面，绝对大公无私，不管别人怎样，我总是这样。有人说：你这样了，别人不这样，有怎么用处？须知一人这样，别人都会跟上来的。一部大历史，人心风俗的转变，都是一二人创出来的。青年诸君啊！无论诸君现在当学生，将来直接、间接替国家服务，这等处希望诸君要“自尊”，要凭自信心和勇气来担负这责任，是什么责任？这是匹夫兴天下的责任。

国难严迫到这地步，很多人问政府应付方针怎样？我敢公然说：这一点没有问题。现在问题不在方针而在方法，政府地位，不能跟吾们同样说话。可是政府决定大策以前以后，还有个必要条件，就是必须个个人负起匹夫兴天下的责任，像上面所说。

兴天下当然须根据理论，提出方案来。这方案，至少要适合三个方面：（一）这片地，（二）这群人，（三）这个时候。这不是短篇说得了。基本的要求，还是在每一分子依他自己的觉悟对大群负起责任，所以希望诸君先从这点上努力。

诸君既备具自信心和勇气，接受我上边的话，我才敢把对于兴天下基本要求的具体意见提出来。因为吾的具体意见，不是说的，是做的。是希望人人自己做的。

第一，做人最小限度，须让我做一世清清白白、堂堂正正的人。知识尽管有高低，但既经根据我的认识，见得该这样做，便得这样做。环境任何严重？须用我定识和定力去变化他。为变化环境，先求适应环境则可，随环境转变则不可。孟子说："富贵不能淫，贫贱不能移，威武不能屈。"备具这三个"不"字，才成一个人。才是一个具有人格的人。前两个"不"字是常时用的，后一个"不"字是变时用的。吾来川读过清初彭道泗所著《蜀碧》一书，书共四卷。专写明末张献忠屠杀蜀人事。官吏，士民，妇女拒贼，杀贼，骂贼不屈被害，有姓名可考的，全书积计，将二百九十人。而不载姓名，如称"合家被杀"，称"某某等被杀"，称"某某等几人几十百人死之"，此类皆无从列计。吾对这样死法，只有局部赞成（中间有不以为满足的，下文另有论及），但吾同时感想到辽、吉、黑、热四省的失守，何以很少听到这类事。吾常游浙江舟山，谒成仁祠，供着鲁王监国时张肯堂等一百二十个神主，殉难士民、职官、妇女，不可以数计，当时我有诗："……雪交亭前双树肥，成仁祠外风满旗。摩挲栗主百二十，在昔何盛今何稀？……嗟嗟东北好河山，亦有义民无义官，官不升降即生还，低徊今昔空长叹。……"（见吾所写《之东》一四七页）再论到处常，自盗国袁氏以及窃取权位的北洋军人，一面受人唾骂，一面以富贵奔走士大夫，玩弄女性，奉承他们的着实不少。我不欲批评个人名节，我只顾虑到此风不改，国家那里站得住，只须看四五年来跑向东北当伪官的多少，已够使吾们吃惊了。我青年男女同学诸君啊！诸君是纯洁的，是清高的，该牢牢记着三个"不"字，处常用前两个，处变用后一个。吾第一句话，就是说：大家把人格建立起来。

　　第二，可怜四川同胞第二次"蜀碧"时代到临了，我亲身听到成都人告诉我，那年省城巷战，双方争一高墩，争一车站，把老百姓驱向前排，拿来消耗对方子弹，老百姓不知死了多多少少！这不过是一部分。据康选宜《川战简史》上说：从民元到前年（民二十二）战事共四百七十九次。吾到四川来，搜求记载关于匪祸的书，得民间意识社出版之《四川匪祸的科学记录》，中载南江、通江、巴中、仪陇、宣汉、绥定、广元、营山、渠县、蓬安、南部、苍溪、保宁各县人口的损失，某县被杀几万人，某县被杀几十万人，南江、仪陇最多，各二十几万人，合计一百一十一万人，还说不及记者尚不少。某地发见尸窖若干处，每窖埋尸几百人，几千人。某校操场深坑内女学生尸几百人。更使我大大痛心的，要算通江县河坝附近被水冲出所埋之尸，积之成堤，长几十丈，这还成世界么！诸君啊！吾们大家想，假使你我亲爱的父母妻子兄姊弟妹，陷在这数目字中间，你我将怎样呢？"同胞"，"同胞"，他们不就是吾们父母妻子兄姊弟妹么，怕实际上诸君的父母妻子兄姊弟妹在内的不是没有吧！如今造成满地饥民，连日报载，有吃死人的，有吃泥巴的。吾不知此一刻钟内有多少人在将死未死，不知吾写这篇文章几点钟内又死去了多多少少。诸君啊，一二人学说的倡导，少数人思想的转变，影响到这样悲天惨地！诸君此时居然还有机会读书，诸君读的书，不还是政府从将死未死的老百姓身上征到全年赋税六千七百多万元中间划出一部分办学校，聘教师教诸君的么？究竟诸君读了书，还想作什么用呢？校舍的辉煌，是代表老百姓的血光；讲堂的粉笔，是代表老百姓的枯骨，吾们还忍心读了书去谋个人立大功名，发大财么？这几千万尸窖中的同胞，算了。还有几千万将死未死，他们希望谁去救呢？诸君！几点眼泪，无论那么热，是不够的。说几句空话，无论那么动听，是无用的。通南巴一带吾没有去过。可是到过剑阁一带，男女衣裤已不能完全了。重庆街上躺一死尸，旁人说：又是一个。可见不止一个。简阳街上十余岁童子叫饿两天而死，死了两天，没有人埋，这是我和我的同伴亲见的。市长、县长不知道，区长在哪里？区长不知道，保长、甲长在哪里？邻舍还有人么？吾常想对官吏说：你们的工作对象是谁？要知不是上级，是老百姓。你们的后援是谁？要知不是上级，是老百姓。你们的生命线在哪里？要知不是上级，是老百姓。现在不要怪别人了。我第二句话，就是要说：大家把同情心实现出来。

　　第三，说到民生痛苦，岂但四川？区域远的且不说，时间远的且不说，这一条长江，不是从四川直贯到吾们家乡江苏才出海的么？去年秋天大水灾，长江流域湖北、湖南、江西、安徽各省被灾的一百四十县，一千四百万人。仅汉口捞到流下来的尸身就有三万具。天门一夜，全县陆沉。这是就我记忆所到，客中不及检报告书，说出正确数目字来。黄河流域更厉害，还没有知道确数。此外天灾人祸，一时还说不尽。是天灾吗？完全是人祸罢了。那一桩祸患，不是人闹出来的？那一桩不是人力所可能挽救的？我又要问吾们自己，究竟读了书有什么用处呢？记得元朝一位大儒郝陵川先生（经）有句名言，他说："能救百万生灵于水火之中，则吾学为有用矣。"诸君啊！民生痛苦到这般地步。国难逼迫到这般地步。吾们还读死书么？还不觉悟么？这次吾带来东北大学文科毕业生苗可秀烈士遗墨，有好几次讲演介绍于诸君的，诸君也许知道吧！这位烈士联合同志，从民二十一年七月起，在辽宁省南满路以东，安奉路以西三角地带，干了不少抗敌工作，到二十四年秋，因苦战受伤，为敌人捕去，七月二十五日被杀于凤凰城，临死以前，有一番慷慨严正的演说，使得敌人大大感动允许他亲笔作书，替他寄达北平师友，吾所带来，就是他亲笔信的印文，和他的照片、作品。他的遗书给朋友有几句话："弟等可在西山为余建一衣冠冢，竖一短碣，刻'苗可秀之墓'，山吟水啸，鸟语虫声，皆视为余歌余语，余泣余诉。泣系为国事而泣，非为私人泣也。凡国有可庆之事，当为文告我。有极可痛可耻之事，亦当为文告我。弟等思想要正确,精神要伟大,不要忘了我们要做新中国的主人,要作重整河山的圣手。做事不可因为一次的失败,便灰心;不可因为一次的危险,便退缩。须知牺牲是兑换希望的一种东西,我们既然有希望,便不能不有牺牲,不过我们的希望,务须正大而已。"末了,还祝大家为国珍重,更为国努力。诸君啊! 我们不是中华民族一分子么? 不都是担负作新中国主人的使命者么? 不都是接受苗烈士的期望者么? 像苗烈士真不愧为大学生。吾深知道四川青年在东北牺牲的也不少。就退一万步,替四川打算,一旦海疆有事,长江下游被敌人封锁,四川出路在那里? 请诸君闭了眼一想,那时候,全国怎样? 四川怎样? 全国无办法,四川有办法么? 巴东三峡,只是诸君思想上的障碍,那里够做中华半壁河山的防御? 吾第三句话,是说:大家把眼光放大起来。

以上三点,都是希望诸君对己修养的。进而对群,怎样呢? 我对于应付国难问题,曾提出三事。在"九·一八"以前写《黄海环游记》时,就是这样主张。这三事彼此间有连锁关系,如左图:

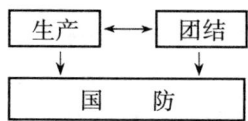

团结增进人的力量,生产增进物的力量,把人与物的力量联合起来,才能构成整个的国家力量,才能建立国防。(详见吾所写《五六境》一一六页)

诸君对群,将准备担负何种任务呢? 我就把这些来贡献诸君:

第四,努力团结。我又要谈到《蜀碧》了。在张献忠七杀主义之下,他们官吏、士民、妇女慷慨赴死,虽受断肢剥皮等种种酷毒,为表现威武不屈的精神,绝对不降服。站在今天的我们,除了尊敬他们节操的坚贞,与夫重义轻生热烈的情绪以外,还有什么话? 虽然终不能不哀怜他们死得价值还不大。在三百年以前的社会情况,自然谈不到什么组织和训练,然观《蜀碧》载贼屯忠州,健斗者十余万,负载者倍之(初版本卷二第二页)而督师杨嗣昌拥百万之众,(卷一第十二页）不能善用这些忠勇义烈发于天性的民众，民众自身又没有机会来团结——稍稍团结，像赵光远、贺人龙在剑州、广元，刘道贞在雅州，王应熊、樊一蘅、杨展在叙州，皆能抗战自保。说到这里，我不能不叹苗烈士苦战三年而死，死得价值真伟大。这价值的告成，就为是能团结，就为是经过若干时期的组织和训练。凡两民族对抗，谁胜？谁负？人数多少的关系小，有无组织训练的关系大。无组织训练，人数虽多，可以长期被压于有政权的他民族。……对今日的敌人，可以自恃我的人数四五倍于彼，不注重组织训练，而希望胜利么？且不说胜利，希望能生存么？

　　有许多现象是矛盾的。好群是人类的天性（岂但人类，凡动物都是这样）。寓庐新来一小犬，因为脱离了他的阿母阿兄阿姊，在我写这篇文章的时候，整整的叫了一夜。可是"不能群"又是人类最有力的公共的大敌。我常想全世界十几万万人来一个大团结，不大妙么，不斩却无数葛藤么？世界是一天一天望这上边走的，只须看国际组织，一天一天在那里增加起来了。可是前面有一极大礁石，就是语言文字的不统一。我又想把世界所有言文，公同指定一种作为标准（世界语 Esperanto 也好。就各种言文中指定行用最广的一种也好）。每一国家，除了本国言文以外，只须学一种标准语，就是每一个人，只须学两种言文（连他本国言文在内），岂不简捷痛快。而每一重要出版物，都须译成标准语，这样，世界文化前进的速度，必增加不少。像言文特别困难的我国，就我亲身体验，每一青年，至少总须消耗百分之三四十的精神与时间，在学习外国言文上。而因全人类言文的统一，便促进全人类的大团结。这是我的理想。诸君！我们中国的不容易统一，文字固无问题，语言的障碍着实不少呀！黑龙江人跑到广东去，琼州人跑到绥远去。这种语言的障碍，那能不影响到精神上来呢？打破这种障碍，交通的开发，是一大利器。我是江苏省川沙县人。从家乡到成都来经五千里，但我到这里第一天的感想，只觉眼前景物,和吾乡没有大差别,从此可以悟到民族的迁流,于河流关系绝大,因为这五千里都依靠这一条长江的缘故。我深信粤、汉、川、湘几条重要铁路告成,于促进全国团结上定有绝大帮助。

可是时局的要求这样严迫,还能耐性地等到将来么?我们必须研究出一种团结速成法。

原来团结有两个必要条件:(一)须有共同的目标。(二)须有信仰的领袖。备具这两个目标,精神才能集中,因领袖命令之有效力,而行动更能一致,团结就成功了。我们的共同大目标,就是国家和民族的生存,而因他方暴力的压迫,使大家对国家、民族很薄弱的观念,不能不立时浓厚起来,今后只希望将这观念发挥到一般民众方面,发挥愈广,团结愈望,这就是吾们应公共担负的一种责任,尤其是青年诸君宜注意。

至于领袖信仰问题,我该先把原理来说一说:我们只须看人身,没有首脑,能完成全部生理组织,能发挥他的功能么?十个足趾,十个手指,每个装上一个脑袋,能成人么?并看看乐队,合几十人百十人成一队,没有一个指挥者,能奏成曲调么?拉提琴者要用甲调,吹大箫者要用乙调,没有人来统一,能入调么?不消说大规模乐队,就只"小红低唱我吹箫",我要昆曲,小红偏要皮黄,两个人就闹翻哩。

我们中国人为什么对领袖信仰问题,发生一般大障碍呢?其中有两大原因:(一)就是前边所说,相骂多,相助少;疑忌多,服从少;人家有种动作,总猜做坏事,不信人家能做好事;"既生瑜,何生亮?""两雄不并立","两贤相厄","文人相轻,自古有之。"这一类古语、这一类先例太多了。于是一乡有一乡的瑜亮,一县一省有一县一省的瑜亮,一国有一国的瑜亮,你要做件事,不论好坏,我破坏你。我要做件事,不论好坏,你破坏我。前任做的事,后任来破坏他。后任做的事,还有后任来破坏他。尤其是我做不成或做不好的事,你能做,做得好,非破坏不可。所以搅得全国几乎不能做成一件好事,不能产生大家所信仰的一个好人。领袖问题，尚何从说起呢？（二）因推倒满清，养成厌忌一切统治者的变态心理，并养成不须要统治者的谬误观念（民国就只是被统治者和统治者地位不固定。若以为不需统治者则大误）。对一般人，既以恶意推测，尤其是对统治我者，不肯以善意推测。于是领袖问题，更何从说起了。

可是生存条件的要求，只有因压迫严重而加紧，决不会因上边所说种种障碍而减轻。不团结只有一条死路，没有第二句话。

团结速成法怎样呢？从自己做起，拿至诚来对待人，拿善意来推人。"人之欲善，谁不如我？"我爱国，难道人家就肯卖国么？真演出事实来，当然不宽恕。而且以恶意待人家，至少使人家减少为善的热心和勇气，或者因灰心颓丧，因愤激而横决。所有因此而使社会国家蒙受损失，此项损失，皆须由恶意测人者负责。诸葛武侯治蜀，就是六个大字："开诚心，布公道。"诚心是精神，公道是事实。吾青年同学诸君啊！不必等将来为社会国家服务时，才发挥这种精神的。现时在学校里，有师长，有同学；出校，有亲长，有家人，有朋友；到处有团体，有领袖，从今日起，从自己起，拿我的至诚来对待人，拿我的善意来推测人，看影响怎样？或者约定一般朋友，大家来这样干，看影响怎样？

现时各学校多提倡童子军和军事训练，好得很。这中间包括锻炼体格，激发志气，整齐动作，练习劳苦种种作用。也就是练习团结的基础工作。很希望切实干下去。很多同学面对国难应干什么工作？吾敢说，这就是最重要工作之一。

我来四川，发见一点很不满意，就是一般民众体格不大好，尤其是万县、重庆、成都等处的劳工，有的几乎枯瘦得不像人，当然是吸鸦片关系。同时却发见很满意的一点，就是各学校学生体格多数很好，尤其是女学生。我所到的成都、重庆、北碚、嘉定、峨眉、眉山、绵阳、剑阁、内江、自流井，绝大多数是强健。我很欢喜，但希望把这精神发挥到社会一般人的体育上。吾在此附带提及。

第五，努力生产。说到生产，吾们中国是很可怜的了。农村何以破产？既是农业国家，何以早几年农产品进口占到第一位？还不是到处人造的天灾以及兵灾、匪灾，搅得生产减少，加以交通障碍，调节困难，到这地步吗？别国多建立起关税壁垒来，保护生产。我国敌人不在门外而在门内，请看沿江、沿海较大工业、商业、航业乃至矿山，这一切是谁的呢？这些且不谈，吾来报告海关最近几年入超数：

民二十四年　三万万三千四百余万元
　二十三年　五万万零三百余万元
　二十二年　七万万三千三百余万元
　二十一年　八万万六千七百余万元

就这四年间入超并计已达二十四万万六千七百余万元了。诸君要明白，向外国购货不能用我国纸币的。这出入口相抵不足之数，即是现金出入相抵不足之数。试问这样巨额流出，中国究有多少现金可供亏耗呢？我敢说，如果没有别种抵补方法，而还是这样狂态的入超，不到一二年，不必打仗，中国已就完结了。所以这问题的严重性，实不下于国难，或者可以说是无形的国难。

怎样办呢？只两个办法：可是都要吾们每个人自己来干的。其一，消极的，人人不用"非国货"。我们既然知道买外国货要用现金，我国现金这样缺乏，多用一分外国货，等于贫血病者多流出一分血，有这样确切的认识，大家对己来一个内心的坚决的宣誓，对群来一个随时随地随人不断的运动，就是非万不得已，非万万不得已，决不用外国货。因大家不用外国货，于是外国货商无利可图，不再向外国购货。于是输入减少，现金保留，才得把留下的现金，向外国订购为维护国家生命而急要的如飞机、大炮等应敌必需品。同时因大家都用国货，于是国货畅销。制造家乃得因销路打开，厚集资力以从事改良与推广；并因品质的改良、产量的增进，得于自给自足以外，进一步向外推销，换取他国现金，储为我用。而入超坏现象，渐渐地变为出超好现象。这经济局势的扭转，全在我们每一个人肯尽一分力，在这一点上倒不须仰面求人的。有此机势，加以政府努力整理金融，奖进工业，用有效方法来调节，来推广，或者经济上因此得一立足点，也未可知。其二，积极的，人人从事生产。关于这点，吾不能不从教育上说起。

教育是方法，不是目的。是预定了一种目的，而以教育为达此目的的方法。譬如说：各国教育普及了，吾国也该普及一下。这未免不成话了。等于父兄对子弟说："别家都在上学，你们为什么不上学？"这都是但知办教育，上学是应该的，而没有知道为什么教，为什么学。因为历来政府办教育不一定有目的，所以学校多，学生多，便算有体面，有成绩。因为父兄命子弟上学不一定有目的，所以能毕业，能升学，便算满足，算光荣。四十年新教育，最大吃亏，就是和社会生活脱离关系。到现在大家明白了。国家民族生存的要求，团结以外，还有生产。可是教育和他个人生活都接连不上，还讲什么生产？

现行的学制，小学六年，是国民教育，是教些做人的意义，做国民的意义，但也不该离开他们生活环境的。初中三年，以普通为原则，以农、工、商等分科为例外。但年龄正在十五六岁，在此年龄，察知他们的天性和天才，帮助他们决定以后修学服务的途径，这叫做职业指导。初中对学生应负这特殊任务。高中便以分科为原则，以普通为例外了。这都是现行学制的本意。小学既不离开他们生活环境，毕业后在他们原有环境中找生活，当然无甚问题。初中、高中普通科都是以升学为唯一目的。设上级学校不能容，而又无短期职业科可升入，简直等于断港行船。或者普通初中毕业，离开他们生活环境没有过远，多少还可以想法；至于普通高中毕业，更少办法了。所以办许多普通初、高中，实是很不相宜的现象。前清光绪二十八年，桐城吴挚父先生（汝纶）赴日本考查教育，归来写一本《东游丛录》，中间与日本文部大臣菊池谈话一则，菊池说，日本中学办得未尽善，德国亦未完善。中国可缓办中学，专重大学、小学，各省立专门学校。小学卒业，为农、为商、工，各任自由。大学由预备学校升入。若必欲与小学相接，可于预备学校下，更设一预备学校，中学校可缓办。还谆嘱中国勿蹈日本覆辙（详见《东游丛录》日记第五十九页及函札第七十六页）。可惜三十五年来少人注意，到如今还是满地普通中学。

我来四川，承教育厅检赠四川全省中等学校概况，将现在普通初、高中学生数一项细加检核，得全省共数如下：

$$\text{初中}\begin{cases}\text{男} & \text{二六，四六〇} \\ \text{女} & \text{九，一八一}\end{cases}\text{三五，六四一}$$

初、高中各三学年，依常态，一二年生较多，三年较少。今假定三年生占全额四之一，则现时应有

$$\text{高中}\begin{cases}\text{男} & \text{三，五三二} \\ \text{女} & \text{八〇二}\end{cases}\text{四，三三四}$$

初中三年生　三，九一〇

高中三年生　一，〇八三

此即是今夏毕业生数。初中毕业生三千九百一十人，试取高中总数四千三百三十四人，以三除之，得一千四百四十四，即高中一年学额。上开初中毕业人数，减去高中一年学额，余二千四百六十六人，即是今夏发生出路问题的初中毕业学生数。访问本省三大学——川大、重大、华大近年招生状况，合计恐不能过五百人。上开高中毕业人数，减去五百，或当有小部分投考外省大学，然定有早几年毕业到此时来投考的，则今夏至少当有五百名以上发生出路问题的高中毕业学生。即使他们自己无力升学，亦当替他谋出路。愈无力，愈急求出路。即不为学生打算，这多少青年，受多少年教育，废弃

不用,为国家人才计,岂不可惜? 仅四川一省,一个暑期,初中有二千四百人,高中有五百人发生出路问题,这已够使行政当局焦忧了。积多少年,多少省份,社会还不会受影响吗?

所可怜的,一方面青年发生出路问题,一方面国家需要人才,还在发生来路问题。摆在面前的一条成渝路,一条川湘路需要多少机械工科人才? 多少土木工科人才? 多少管理人才? 这不过举例,此外造林不需要人才么? 改良农业不需要人才么? 航业不需要人才么? 新事业凡有兴作,旧事业凡有改进,那一件不需要人才? 除了高级专门人才以外,那一件不需要中级助理人才? 需要数量,比高级要加起很大的倍数。最适当的方法,就是把初中、高中毕业生,已有国民教育和普通教育根底的,加上若干时期专科训练来应用,只不宜枝枝节节办。要是枝枝节节办起来,竟可以造成了专科人才,还是没有出路。必须由政府通盘打算,预计二十五年度办若干事,二十六、二十七年度各办若干事,需要何种何种人才,高级若干,中级若干,由教育行政方面依照所需要学科和数量,就现有学校通盘筹划到某校办某科,某科该定几年毕业,定多少学额。这样办来,供求相剂,才能达到事事得人、人人得事的目的,而生产问题,才得根本解决。

以上种种,当然由政府方面发动。至于学生自己,难道坐等着,就够了么? 要知自己修养不努力,竟可以在政府良好计划之下,进了专科学校,毕了专科学业,别人都飞黄腾达了,而我还是不行。所以还要回过头来,劝诸位自己努力:知识要切实,技能要精熟,而还要注意上边所说人格。

上边所提供求相剂计划,全为行政方面设策。话虽如此说,社会情形何等复杂,各人有各人的环境、各人的机遇,尽可各奔前程,向着他要走而能走的路走去。不过吾所希望的,职业分三种:(一)直接生产的。如农、林、渔、牧,如工业制造等。(二)间接生产的。如官吏、商人、医生、新闻家、著作家等。(三)非生产的。如音乐师、画师等。第一种当然贡献最大。第二种虽非直接，然于生产上却有同样价值。第三种根据各人天赋，虽非生产，于人类亦有贡献。惟有家居坐食，无所事事：或拥遗产，或贪安逸，个人生计问题关系还小，就社会经济立场看来，这等人简直是社会上绝大蟊蠹。还不如守几亩薄田，躬耕自给；或利用几间老屋，督率家人，身亲纺织；或深入乡村，教一般乡农，不必有学校的形式与名称，而倒有教育的实际。陶行知先生倡小先生制。小先生可能，难道诸君年龄和能力，够不上小先生么？这都是和诸君充类说到这里，不必有这些事，不可不存这般想。须知这样干法，他的价值，正不宜轻视的呀！还有一点，从事生产，无论采何方式，必须根据科学。希望诸君切勿忘了世界一百五十年来的新贡献，必得大家信仰科学，研究科学，利用科学。

以上五事，前三事对群，后二事对己。我就把这些答复诸君心坎里三大问题，诸君以为怎样？或者说，第一国难问题答复过了，第三自身出路问题答复过了，就是第二问题同胞痛苦，究竟这些办法够解救没有？我敢说：如果一方把同情心扩大，一方人人从事生产，物质精神双方并进，再加上全国团结起来，我想今后同胞们决不会像过去的痛苦吧。

自从"九·一八"国难发生，吾们一般同志发行一种刊物，叫《国讯》，因为内地青年很多写信来问：国难现状怎样？怎样挽救？所以把这刊物代替复讯。我除时间不允许外，差不多每期都有文字。诸君如有关于国难或个人修养问题，尽可向《国讯》通讯发问，可以公开答复，或通讯答复。《国讯》提出四种根本上修养：（一）高尚纯洁的人格；（二）博爱互助的精神；（三）侠义勇敢的气概；（四）刻苦耐劳的习惯。没有这四种，吾们以为不配于救国工作。

有许多女同学，提出今后出路问题，究竟向家庭里去，还是向社会上来？吾说两边都去得，两边兼顾更要得。可是有两个要点：（一）女子务须和男子同样地为社会、国家服务；（二）女子务须养成生计上自立。上边所说种种,不单对男同学说,也是对女同学说的呀!……

有许多男女同学,提出男女问题,我当时发表意见很多。概括起来:由男女结为夫妇,当然是感情作用。可是有两个要点:(一)宜经过较多方面的比较观察,然后成立假定的对象,再经过较长时期的考察,然后由假定成为确定。因此双方年龄宜待稍长些。(二)须替对方想,我满意了,对方满意么?我有办法了,对方有办法么?(这点尤适用于男对女提出解除关系问题时。)还须回过来想想自方,我所责望于对方的,我自己怎样了?在没有确定关系时,只觉这对象真至善至美了。及关系确定,才悟至善中还有未善,隔几时竟觉大大的未善了;同时才悟至美中还有未美,隔几时发见这美也平凡的很,再隔几时,大悟世上还有美于此者,这简直是不美。哈!哈!原来爱情是盲目的呀。

还有人提出读书方法问题,我愿概括地说,读书有三想:(一)想我为什么读书?(二)想这书该怎样读法?(三)读了以后,想比未读时怎样?凡读书提要记录大概,可以得极大帮助。

凡我对诸君说的话,都是我对弟妹、对子女说的话。而且是常常勉励我自己实践的话。

我去了。此书发表的时候,不久便是我离开四川的时候。诸君以后如有问题,尽望随时通信。此行承各地青年热烈相待,心中非常感激。有的学校,有的公团,以及各地有约我参观或演讲,如灌县、梓潼、乐山等处,限于时间,不能应命,附此道歉。末了,还要复述苗烈士遗书结束语:祝大家为国珍重,为国努力。

(原载《蜀道》,开明书店一九三六年版,第一～五十页)

9 中国抗战四年来的觉悟与今后青年应有的努力

卅、五、卅一、成都公开讲演

整个中求生命

　　需要中求学问

　　　　规律中求生活

　　主席！各位先生！各位青年同学！刚才主席郭厅长说，兄弟在民国二十五年的时候，来过四川，不错的，那次到四川来，住了一百天，当时还写一封信对青年学生贡献我的意见，都刊载开明书店出版的我写的《蜀道》上。当时我还说：我到四川，不是来看风景的，是来访友，尤其是喜欢访青年朋友！今天郭厅长给兄弟一个机会，一个时间会见这许多青年朋友，这个机会是太好了，郭厅长刚才说谢谢兄弟，兄弟倒要谢谢郭厅长！

　　今天讲的题目是"抗战四年来的觉悟，与今后青年应有的努力"，这个问题，我想各位青年，都有研究的必要，兄弟今天就从这个问题上面，贡献一点意见。

　　兄弟所要向各位青年朋友贡献的，有三句话，第一句是什么呢？先讲理由，再讲正文。

中国抗战到今，离二十六年七月七日，只缺卅八天，就是四年了，在这四年之中一般抗战将士，以及男女同胞，真不知牺牲多少？兄弟是江苏川沙县人，四年以前，在川沙有一批青年朋友，共是二十一位，抗战以后，这二十一位青年的下落如何？过去没有得到消息，这次到成都来出席川康建设期成会，忽然有一个宪兵要求见我，我想，宪兵来见我，是什么事？见面以后，听他口音是川沙人，客地会着亲同乡，是很难得的，我们就谈了一些家乡故事，原来这个宪兵，就是刚才说的二十一位青年朋友中的一个，还有二十个哪里去了？他们一起在二十六年冬天，南京陷落的时候牺牲了，诸位想想！整个的川沙县，从军的青年不知道有多少，我所讲的仅仅是这一批——二十一位，到今天二十一位中就牺牲二十位，由此可知此次抗战牺牲的重大！

不过诸位要知道，中国民众，在此抗战期中，虽然牺牲了不少的生命，可是我们中华民族，和国家的生命，就要靠这种牺牲的精神，保存起来，靠这种牺牲的精神延长下去。诸位知道，中国对暴日作战到四年之久，仍能好好地在地球上占一国家的位置，世界人士，没有不钦佩中国人的勇敢伟大，最近报纸载，美总统罗斯福炉边谈话，亦对中国人的抗战精神，大加称赞。这种优良的成绩哪里来的？是把许多青年的生命换来的。所以牺牲个人的生命，获得国家民族的生命，无论这样牺牲如何巨大，终是光荣的，是有价值的。假如七七事变以后，每个人都爱惜自己的生命，不顾国家民族生命，恐怕要比这次欧战中的法国，牺牲的更惨，灭亡的更快，因此我们明白，要从整个生命中去求生命，他的生命可保，反之，在本身方面去求生命，结果每个人都没有生存的希望，每个人都要牺牲完的。兄弟可以报告几件实事，给诸位听听！

兄弟于一月以前遇见一位朋友，向我谈这样一段实事，他说："上海有几个大汉奸，一天请日本高级军官吃饭，所有的客都到齐了，这一群汉奸殷勤招待，宾主尽欢，一会儿，彼此都喝醉了，这时有一个汉奸站起来,他说:'现在的中国问题弄到这样僵,你们友邦——汉奸口里的友邦,就是我们的敌人日本,为什么不痛痛快快地干一下?'敌方一个最高级军官板垣征四郎他就回答说:'你们要知道,灭人国家,是不容易的事,少数的民族,要消灭多数的民族,更不容易,日本是小民族,人数少。中国是大民族,人数多,我们用硬的方法去征服,事实上是不可能,用软的方法去侵吞,也没有功效,总之,用王道也不好,用霸道也不好……今天大家是自己人,不妨坦白地说,诸位要知道,小民族要灭亡大民族,只有一个方法,就是欧洲列强对付殖民地的方法,就是'分化',把一个大的民族,用挑拨离间的手腕,把他分化成若干小单位,使单位与单位之间,自相残杀,这样就可以把大民族灭亡。要靠小民族本身力量去征服,是不行的,只有分化的政策,才是小民族灭亡大民族唯一无二的良法'",这是我那个朋友讲给我听的。

诸位!这一种灭国新法,历史上成例很多,我还可以把亲身看见的一桩事,报告诸位,诸位知道南洋一个岛子叫爪哇?爪哇这个王国,早被荷兰灭亡了,荷兰用什么方法去灭爪哇?他的方法真巧妙,爪哇的土王有几个儿子;荷兰占领爪哇以后,把土王的土地分成几份:三个儿子,分成三份;这三个儿子,又各有若干儿子;又把他的土地,分做若干份,这样一来,没有一个子孙没有土地,没有一个子孙不是王,他们还认为这是荷兰待他们的好处,可是他的国家,竟无声无息被人灭掉了。一九一七年兄弟到爪哇去,还参观过爪哇土王的王宫,他们每个土王的地方,真是小得可怜,如像豆腐干一般的小,诸位想想,整个国家分成这样许多单位,还有什么力量呢?除掉灭亡,还有什么结果。

我们对以上一席话,应该有一种觉悟,就是我们的国家民族,是否愿意被人家灭亡,是否甘心作亡国奴,我们知道伟大的中华民族,所以终能抗战达四年之久,我们靠的是什么?我们只有靠一个口号的力量，这个口号就是"统一"，我们本着这个口号，在一个政府，一个领袖的领导下面去努力，在国家至上，民族至上这个目标上面去奋斗，所以才有今天，这点希望各位青年，要看得很清楚，要认得很正确，抗战到这地步，还有想在统一之外造成一部分势力，建立一个地位，维持一部分的生命，天地间决没有这回事。中国共产党，在抗战展开以后，屡次宣言，拥护政府，拥护领袖，要和政府在一条战线上抗战到底，到今天他们还是这样态度，可以说，这就表示吾们民族整个的趋向。兄弟今天敢说，如果中华民国四万万人，每个人都觉悟了，都肯把他思想，能力，财产，生命，统统贡献给国家民族，有这种精神，这个国家，这个民族，一定可以存在，可以永久，这是不可磨灭的真理，兄弟刚才讲，川沙二十一个青年，牺牲二十个，中国青年人人有此精神，国家一定不会灭亡，所以兄弟今天提出来请诸位研究第一句话，就是要在"整个中求生命"。

我可以再说一个笑话！这不只是笑话，却也是事实，兄弟向在上海服务，上海是我们全国的大商场，进一步也可以说东半球最大的一个商场，上海市大多数人天天吃猪肉，每天需要一万七千头猪，全市分几个屠宰场，每个屠宰场都有杀猪的屠户，要杀猪了，一两个屠户把第一只猪，从猪舍里拖出来，一刀杀了，第二只猪拖出来，照样地一刀杀了，顷刻间就杀了不知若干的猪，这群猪，直到被杀光，竟没有一只猪反抗，诸位想想，屠户不过几人，猪儿就有几千，每一只猪看见屠户把它们拉去宰杀，可是它们都各自这样想：不要紧，横直没临到我，我还可以苟延残喘，于是毫不反抗，一只只的同归于尽。这就是一个反证，如果不在整个生命中去求生命，结果是没有生命，这是千真万确的道理。由这次战争看来，更加可以证明，法国那样强大的一个国家，文化很高，工业很发达，结果为什么会亡，中国与法国比，科学方面，武备方面，比得上多少，我们自己知道。我们今天还存在，是靠什么呢？就是刚才所讲二十一个青年，牺牲了二十个，一个还在当兵,还在"执干戈以卫社稷"。就靠每个人这种牺牲精神,才能够特立于世界。

兄弟近来有一些新的感想,刚才郭厅长报告,兄弟的年龄,已六十三岁了,兄弟自己看到六十三岁以前死的人已经不少,我六十三岁还在人间,但是我研究"人"迟早总要死的,今天大家看我臂上戴黑纱,这是由于我的夫人过去了,可是我现在有种新的感想,我已有种不死的方法,我可以永远不死,这种方法,今天要贡献给诸位,诸位虽是青年,也有一天要到中年老年,诸位一定想听听我怎样可以不死的方法。从前秦始皇做了皇帝,心想不死,没有求到,现在我却求到了,这个方法哪里来的?我从植物上学来的,譬如一株树,老了要它不死,有种方法,可以另用一枝,向这株树接上去,这个方法叫"接枝"。从接枝这方面,兄弟想到一种不死的方法,什么方法?现在讲给大家听,譬如我们来发起一个会,我们要保护中华民国,就称是护国会,同志也不在多,假定一百个人,我们唯一宗旨,就是要保护中国,这一百个同志在世界一天,就实行保护国家一天,如果一百人中,有一人死了,我们就补充一个,两个死了,我们就补充两个……死了几人补充几人,一定永远是一百人,一百个同志决不会同死光,这样一来,一百人永远是一百人,只要这一百人的精神,永远在世界上,我的精神也永远在世界上了,个人的形体虽变,个人的精神不灭,这不是不死吗?这不是永生吗?郭厅长刚才讲了二十多年以前,兄弟曾组织一个中华职业教育社,这个组织虽小,将来只要能够存在,能够发展,我们的精神,也是永久不磨灭的,个人躯壳的存亡,有何关系,这个道理,我愈想愈高兴,譬如我的夫人死了,我晚上做梦,还是看见我的夫人很好。古时有部书叫列子,这部书里有一个故事,它说:"有一个大王,每天晚上都要做梦,梦见自己做乞丐,有一天,他向一个乞丐说:'我是大王,为什么会天天夜里梦见当乞丐呢?'乞丐说:'巧极了,我也是每晚上做梦,梦见做大王,'于是这个大王说:'这样看来,我和你是一样了，你虽然白天当乞丐，晚上就做大王，我虽然白天做大王，晚间却要当乞丐，从此不是一样吗？'"这是列子点化愚顽一个寓言，兄弟也常常作这样想，一想起来，觉得生死没有什么问题，小小一个组织成功，就可以精神不死，与世长存，何况四万万人组织一个中华民国呢？要紧的就是不可分化，上了敌人的当，去自行分化，就不行了。诸位：兄弟今天提出第一句话"整个中求生命"，要请大家指教指教，究竟这个理由充分不充分。

第二句话又是什么呢？兄弟这次到了成都，有许多朋友来看我，他们一见了我，都说不得了，我说："你们什么事不得了？"他们有的说："我在某机关当职员。"有的说："我在某学校当教员。"我说："你们每月多少薪水？"有的说二百多元，有的说三百多元，我说："这个数目不算少了。"他们说："从前很可以，现在生活高涨数十倍，可不得了。"诸位，这一批不得了的是谁？都是公务员。另外还有一批朋友，来看我，由他们表面估量一下，都是很好过的样子，他们是什么人？他们都是商店老板，或者是工厂的厂主或股东。他们知道兄弟到成都了，都拿些纸笔来，要我给他们写匾，说他们的商店，他们的工厂，开得不坏，要请兄弟写个匾替他们光辉光辉！我说："我一定写！"那是惠而不费的事，写几个字有何关系？诸位从这里可以看出来，一个社会有两个不同的集团，一个集团穷得连衣食也不能维持，一个集团事业非常发展，这是什么道理？

现在我再报告一件事给诸位听，成都方面的这类情形，我不大清楚，在重庆时就很知道，重庆拉黄包车的车夫，每月可得多少钱？说起来很惊人：拉车的车夫，每月可以收入六百块钱之多，他们每天拉车一段短短的路，便要取两块多钱，他一天只要有十个机会，每月就是六百块了。此次兄弟劝募公债，觉得重庆黄包车夫，买公债特别踊跃，买了公债以后，给他个牌子钉在车上。那天兄弟坐黄包车看见他的牌子，我问他："你们买过公债了吗？"他说："买了。"我说："你买了多少钱?"他说:"十元。"后来每坐黄包车,我都要去请问一下,他们有的说十元,有的说二十元,有一次问到一个车夫,他竟买了六十元。诸位! 一个黄包车夫六十元的公债,每月赚六百元薪水的公务员看见,不免涎垂三尺。

　　以上情形,是中国今日一种社会现象,何以会有这现象? 据兄弟研究所得,有两点认识:第一,无论农、工、商人,他们都是生产者,所以有饭吃。反之,不事生产,只能消耗的没有饭吃。第二,无论轿夫、车夫、苦力,都是劳工,劳工都有饭吃,一般只是在桌子上写写字的文人,没有饭吃。那么,我们要研究,何以这个有饭吃,那个没有饭吃? 关键在什么地方? 这就是经济学上所说的供和求的关系,"供过于求",社会就感觉过剩,就不值钱,"求过于供",社会就感到缺乏,就值钱,这是必然的道理。抗战期间,许多壮丁到前线杀敌去了,后方的农民与苦力,就感到不足,所以下力人价值就很高了。重庆市车夫固然赚钱,假如重庆突然增加一两万车夫,那么,他们马上叫没吃饭了,但是重庆的车夫很少,因此他可以高抬车价。又如成都的米,兄弟这次到成都,是前月二十二日,到以后,问问成都米价,说是一个双斗要卖七十多元,二十二那夜下雨,二十三夜里又下一阵大雷雨,到了二十四、二十五,米价下跌二十余元,每双斗只卖五十元了,为下了雨,大家以为今年要丰收,米价定要跌,于是你拿出来卖,我也拿出卖,因此米就多了,米一多,价钱便跌了。自然抗战到了今日,物价涨跌,也有他特殊的原因,不过大体上,我们还得承认这个道理:"求过于供就贵,供过于求就贱。"兄弟根据这两种认识,我们就要知道,今后,社会上的工作太多的,我们就不要去干,缺乏的,我们就去补充,社会等于一只船,大家都往左面跑,船就向左倾侧,我们不能不往右边去。待大家一起往右边,向右又倾侧了,于是我们又不能不再往左边,社会是这种状态簸荡着,前进着。我们要是不能认识,没有觉悟,向左我们就一齐向左,向右便一起向右,那么这样船必有倾覆的危险了。

　　兄弟今天提出这段话，是希望诸位青年朋友，在求学的时候，就把路线认清，切不要读社会上过剩的学科，例如自然文科也有文科的好处，不过现在有很多不高明的文人，还是少一些的好，今日的社会，需要多几个劳工，多几个生产者，不高明的文人，我想不必太多。前天我在干训团讲话，我说，劝诸位不要再当公务员，中国的机关太多，组织也特别繁琐，什么科呀，股呀，室呀，……使人头晕，同时官也太多，什么长，什么员。兄弟意见，以为应将机关裁并些，把公务员减掉些，政府应从农工商生产事业，想些法子，把一部分公务员安排进去，就把裁减下来的经费，提高公务员的薪给，这样一来，是当公务员的，希望有饭吃了，工作效率，也可以增高了。至于裁减下来的公务员，如能自谋生活，去作生产事业更好。科长股长，开个工厂，科员股员，当个店员，兄弟这两句口号，并不是开玩笑，诸君如果赞成，兄弟还要写文章，来促成它。诸位同学，也应该认清这点，千万要把自己所求的这种学问，考虑一下，检讨一下，估计一下，看自己所求的这种学问，是否为国家社会所需要，如果需要，我就专心致志地去努力，否则，我就赶快回头。总之，不要去求不需要的学问，不需要的学问，即使求得很好，将来还是不得了，在本身是生计问题，在国家是人才问题，所求不当，自己与国家都有很大的损失，因此兄弟向诸位青年同学所贡献的第二句话，也是六个字，就是"需要中求学问"。

　　说到这个地方，兄弟还要补充一点，二十年前，兄弟看到学校教育与社会没有配合，和生产方面，没有关系，感到这种现象不好，所以结合了一群同志，提倡职业教育，职业教育就是农业、工业、商业，一切可以生产的教育，希望国计民生两大问题，得到切实的解决，今天所提出的"需要中求学问"，也就是这点意思。郭厅长，他就热心职业教育，四川教育自郭厅长负责以来，筹办了许多职业学校，也是有鉴于此。要诸位青年，在需要中去求学问，以便将来对社会有所贡献。

　　第三句话是什么？刚才兄弟把"整个中求生命"这个道理说过

了，现在要我们青年朋友，从他本身生活上去检讨他自己，诸位想想，用什么方法可以求整个的生命？当然是大家都要把自己的思想行动，纳于一个轨道当中，向一个目标去进行，构成这个整体，才能发挥力量，这个道理，从每个人所有的身体方面，就可以看出来，比如，这位同学，精壮结实，我们就说他很健康，又如这个同学，体格柔弱，面黄肌瘦，那么我们就猜他有病，病与健康的分别在哪里呢？古人有八个字描写健康，说"天君泰然，百体从命"，从前称一个人的心做天君，现在生理学家讲，天君是脑，是神经中枢，神经中枢发了命令，四肢百骸，都能服从，这就叫做健康。比如现在我很热，我的神经中枢发一个令说："左手去拿把扇子，替我摇几摇！"这只左手马上达成任务，这是健康，假定神经中枢的命令说："右手！我要你拿杯茶来。"右手不去拿，这就不对了，右手有病了，必须到四圣祠医院去找医生诊断才行，这不是笑话，前年兄弟的确右手有病，举不起来，不听我神经中枢的命令，后来到四圣祠医院诊断治疗，渐渐地运动自如了。人有了四肢百骸，能不能服从神经中枢的命令，这就是健康与病的区别，今天在这里开讲演会，有一千位同学在这里静坐着听讲，这是个健康的团体，反之，有人在下面谈话，在手舞足蹈，或者竟自走开，那么这个团体有病了，我们就要设法恢复他的健康。把国家来说，我们中华民国，现在是危险万状，是不健康了，大家要救中国，就要全体国民，出钱，出力，听从领袖的指挥，这个国家当然救得起来，健康当然可以恢复，要是有的想救，有的不想救，有的想救国家，有的想救自己，这样一来，救国的目的，永远达不到了，这就是没有听从天君的指挥，步调纷歧，国家还有什么希望呢？因此我们要记清楚，无论青年老年，都要养成一个守规律的习惯，一切行动，要像四肢百骸，服从神经中枢一样，思想行为，和整个团体，在一条轨道上动作，这样才可以取得生命，并且可以取得整个的生命！

　　同时要各位青年朋友，对自己加以检讨，平日遵守规律没有？应该做的事情做了没有？不应该做的事，是否就没有做？现在提出我自己经过的事告诉诸位，兄弟不吸烟，但过去是吸的，在兄弟二十九岁办学校的时候，看见学生吸香烟，心里觉得学生不应吸，就开一个会，向学生们说："各位同学！香烟青年人是不能吸的，吸了，头要发晕，想问题想不起，经济方面，也要多些消耗，你们切不要再吸烟。"到了明天看看，学生还是不听我的话，这怎样办？我自己检讨一下，我发觉了，"你自己也在吸烟，怎么能禁止别人呢？"好！我再开一个会："诸位同学，今天我要严重的对诸位讲，我现在要绝对禁止吸烟，同时我也不再吸了，假如我吸了一支香烟，马上不当校长，大家看见我吸香烟，就把我赶出去，可是从今天起，哪个学生吸烟，我也要把他赶出去。"这样一来，学生就不吸香烟了，兄弟直到今天不能再吸烟了，这就是说，我们要随时检讨自己，看自己所作的事体合不合乎规律。再以个人来说，个人的日常生活，都要有一种合理的规律，早上做什么事情，晚上做什么事情，要有一定，要养成守规律的好习惯，兄弟倒养成一种习惯，就是写日记，我的日记是民国有一年，我写一年，现在已经写了三十年了，今天向诸位提起写日记，我觉得很有道理，什么道理？就是要养成一种守规律的习惯，我每天做了些什么事情，到了晚上，一定把他记下来，一定要把日记记好，才能睡觉，把这个意义扩大起来，有两种好处：（一）个人在规律中过生活，可以使思想清澈；个人身体在规律中工作，可以减少疲劳，增进健康；个人的工作效率，因为有了规律，可以提高起来。（二）如果每个人都有守规律的习惯，全国国民，都是这样，国家有一种工作要动员时，大家都把人、财、物力贡献出来，遵守国家的规律，一起发动，抗战何患不胜，建国何患不成？所以定要全国国民在规律中过日子，中华民国才能造成整个的力量，才可以延续整个的生命，因此，今天向诸位青年朋友所贡献的第三句话，就是"规律中求生活"。

　　现在兄弟重说一遍，今天所贡献的第一句话是"整个中求生命"，第二句是"需要中求学问"，第三句是"规律中求生活"。诸位青年朋友，不要认为兄弟所说的是家常便饭，没有新奇可喜，等闲看过，须知中国今日的青年，实在需要从这三句话上去努力，才有希望，才有办法，兄弟很热忱地愿和青年做朋友，所以谈到的是一片老实话。

最后兄弟还要贡献一句话，就是：凡事认为应该做的，立刻就做，不应该做的，立刻不做，一个人总不可以使行动和他的思想相违反，只要看清楚事情应该不应该立即向自己的目标，不断地努力迈进。诸位青年以后如有问题，尽可以随时见教。通信处：重庆张家花园五十六号中华职业教育社。

（《国讯》旬刊第 273 期，一九四一年六月二十五日出版）

10 告宁属青年同学与 爱护青年同学者书

同人此次来宁观察，获识不少青年。同人认一地方的前途命运，系于青年。在今日为青年学子，十年二十年后即是一地方之负责者。故爱地方者应特别爱重青年，而青年尤应特别自爱自重。同人之来宁属，乐与青年诸君接谈，即以此故。

同人之于各地青年，除公开演讲外，每请青年诸君提出问题，由同人答复。因此使诸君得发挥意见。同人就所发问，一一答复，或亦可稍稍增补诸君知识，解释诸君疑问。故同人对此，不敢惮烦。而炎培以服务教育界年期较久之故，担任答复，在我个人，颇感兴趣。

自来宁属，虽时日匆匆，在会理，在西昌，以及沿途各地，皆未能久留，在此短促时间内，统计收到男女青年诸君所发问题，到今日止，已得四十七则。试加分析：属于修学问题者十一，属于服务问题者十，属于地方问题者十三，属于国家问题者十，而属于学校问题者三；此四十七问题中，发于女青年者十一；试以学级分，则发于小学生者十七，发于中学生者二十四，余为已在社会服务之青年。

炎培对此诸问题，除大部分在演讲时或在谈话时业已答复外，在西昌所接受之一部分，性质上有关系较为普遍者，声明留待公开答复。今因启程在即，特以书面答复诸君。

　　所留待答复的问题,归纳起来:第一,今时的社会,思想很是纷歧,青年趋向应该如何? 第二,怎样取得真实学问? 怎样使读书切合抗战需要? 第三,一个经济困难的学生,如何得到升学的途径? 如何得到为国服务的途径? 第四,如何改进并普及边地教育? 以上各问题,让我来一一答复。

　　第一,今时社会思想实际上并没有多大纷歧。尤其是抗战以来,无论向左向右,一致认抗战建国为目前唯一的任务,……这种神圣的使命,崇高无上的意义,确是中华民族复兴的根据,生存的命脉。抗战欲求胜利,也就靠这一点。我可敬可爱的青年,该对这一点掬吾至诚去接受。凡有利于我国家民族者,吾从之。否则任何胁迫,任何劝诱,吾必不从。在这唯一的大目标之下,却不应再分种种派别。减少了一部分力量,即是削弱了抗战建国整个的力量。

　　第二,真实学问不是书本上,而在事事物物上,故称求学为读书,实为错误。书本上的,是间接的知识;眼前事事物物,才是直接的知识。而且知识只是人生处世需要的一部分,还有一部分技能,决非读书所能得到。单靠读书,欲求得实用的知识和技能,有人说,只等于陆地上学泅水,是万万学不成的。故欲得真实学问,必须在书本以外,就各人环境的接触,或生活的需求,用种种方法,研究最适当的处理方法,这就是真实学问。教师就是教这些,学生就是学这些。至于如何取得真实学问,因各人的环境不同,生活需求不同,诸教师定能在课程以外,课本以外,指导诸君去努力,我说的只是原则。

　　怎样使读书切合抗战需要? 中小学课程,有若干门于抗战有关系的,例如地理、历史、理化、国文等。如于原有教材以外,增加有关抗战的临时教材,尤为相宜。若舍读书而求有关抗战的知能,例如防空、防毒、救护、救济等练习,皆合后方任何地带需要。以暴敌现时向不设防城市狂施空袭,我西昌、会理等地,皆有慎重预防的必要。今卫生署派有许多专家来宁,如防毒、救护等,大可请各专家担任教授,想当局必能注意及之。

第三，今之青年学子，大都经济能力则不足，求知欲望则有余。一阶段修了，如何取得升学机会？学成以后，又如何取得服务机会？确都感为苦闷的问题。我就想帮助青年解决这问题。以千思万想的结果，提出一种学习互进法，如五月二十三日，对四校同学所讲的。我总以为青年该趁早考查自己天性、天才，来决定将来所学的某项专科与某项专业。然后根据既定方针去进一步修学，学而复习，习而复学。不惟所学所习，比众不同，且因若干时间的就业，可以积聚其所得酬余，以充全部或一部升学费用，而经济问题，至少总可局部的减轻。且因其知能特别切实之故，办事效能特别增高，自然见重于一般社会，而服务问题，亦因之容易解决。舍此方法以外，殊少可以贡献。

第四，至如何改进并普及边地教育？所谓边地，在诸君爱乡情重，或即指家乡宁属而言。此事在地方政府，定能负责办理。所限制进行者，怕就是财力。我以为教育对象，本不限于青年；教育方式，亦且不限于正式学校。闻省师同学诸君已在组织若干民众学校，将在课余分任教课。这是于己于群两俱有利的方法，正宜大大推行。这就是帮助政府来推广普及教育。吾以为一般教育，改进比普及尤急要。中间有一要点，即教育而不与他的生活需要相适应，教育程度愈高，离开他的生活环境愈远。他所求得的知能，于他的生活甚少关系，而欲望则日高一日，将使无事者难于得业，而有业者亦无从乐业。这不是小问题。推行普及教育，必须特别着重这一点，而求得适当的解决才好。

以上皆就个人所知，率直答复。此外却想起一问题，诸君为了升学，为了就业，定然需要有人扶助和指导。政府就国家或地方需要培养人才，如何酌定其种类与数量，皆须对青年选学与选业加以扶助和指导。最好由政府指定某机关担任此项工作，凡青年有志升学或学成就业者，为之扶助与指导。这倒是有益于青年，有益于国家与地方之举。我早知道刘主席很想帮助青年的。此举若成,省外各学校的调查,吾在重庆,亦可帮同担任。

又有一问题,人才的培养与地方的需求须极端配合,今后为了开发宁属生产,必将有农、林、工、矿等各种事业的兴办。每一事业皆需要受过专科训练的人才。此等专才,在省外极感缺乏。如今春某校需聘一农学教师,登报广招而不得。去年武汉某机关,需一程度较高之缮写生,月薪增至八十元,招考结果,竟无及格者。即为宁属想,因开发交通,必需多少管理人才?因提倡卫生,必需多少卫生人员?此皆有待于专门训练。而各机关所需要之文书人员,此文书科在中学校即可附设,招取国文根底较好的初中毕业生足矣。中华职业教育社在重庆与青年会合设一职业指导所,凡求事者揭示在门之右边,求人者揭示在左边,双方各贴无数纸条,而彼此供求,竟无从配合。只因事业训练极端缺乏,以致求才不得;普通教育畸形发展,以致求事而亦不得。凡此皆有待于上开机关成立,一面筹划训练,一面指导就学、就业。

以上为青年同学告,兼为爱护我青年同学者告,希望加以斟酌而行之。

……

(原载《蜀南三种》,国讯书店一九四一年版,

第一一四～一一九页)

11 与大后方青年学友恳谈

"一年容易又秋风，"大后方青年学友们度过暑期休假后，早又纷纷走向学习或工作场所去，为国家和个人前途，埋头努力了，在弥天烽火中间，我们的年轻人弦诵不绝，过着求学或研究生活，为着国族的新生命，我们只应为青年多多祝福，事实上青年学友们中间，很多人早已成群向战争所需要的各种岗位上，实地执行民族抗战的神圣任务，六年来所成就的，较诸大时代中任何国家的青年毫无逊色。这是青年学友们的光荣。也是未来更大努力和成就的起点。我敬青年，爱青年，愿为青年歌颂，更愿与青年学友诸君恳谈。

青年学友诸君，你们是时代的动力，是未来的创造者，国家民族的希望，大部分都寄在诸君肩头，诸君为了做新中国的主人，自身一定肯努力，并且也不能不努力，但是诸君在这抗战六年最有希望也最艰难的关头，虽然明知自我牺牲应该比一切都紧要，而种种社会因素做成的"绊脚石"，会不会偶然地波及到你们的心理和行动，影响及你们的努力程度呢？我以为是会有的！这种影响所融成的，不一定就是青年学友诸君的错误，可是综合了多数的偶然，在整个国族利害上说来，都不能不算是重大的缺憾了。我们不应夸张这偶然的病态，却不可不重视这些偶然的病态。

诸君！你们中间，有很多从战区流亡来后方的，人世间的辛苦经历，不幸的遭遇，已经在纯洁的心灵上深深刻划，国恨家仇，合在一起，满腔热血，到后方来准备努力深造，为个人为国家希望清算这一笔账，也有曾在前方服务或因没有上前方服务机会，暂时继续深造的，也有很多本是家居后方，安心求学，准备将来为国效劳的。情况尽管各有不同，一般的都是爱国爱乡热心向上的生活，也因为爱之切，有时不免爱起来，忧国忧家，甚至忧个人的生活。我以为忧尽是忧，却不可稍稍改变总的初志，不能稍稍糊涂和马虎一点，任何艰苦或不合意处，还是要咬定牙关接受。今天最大的障碍是敌人，除了敌人以外，任何都应运用到打击敌人的方面去。我不能说诸君精神上没有苦闷，但就诸君今天的责任上说，一切困难都应有自我打破的勇气，比如说贷金制度，是政府关怀战区学生的救济办法，无论此项救济对于确实感到物质生活的青年学友，能否适当地解决一切需要，但在受之者本身，总应想到如何格外的刻苦自励，"克己"工夫，本是我们数千年来民族美德，此际正该由青年们来发挥，用以加强朝气，砥砺志节，至于百方饰伪，冀得一分贷金，或贷金到手，做生活必需以外的用途，我相信我们大多数青年学友的志气决不至于这样卑下。

在今天，我们青年最可贵的，应该是立志，立志报效祖国，立志做大事，立志做有作为的新国民，一切非分的奢望，岂志行高洁的青年所甘愿。

本刊同人，一向对青年是竭诚爱护的，凡是青年来求帮助，无不尽力设法，因此与青年接触的机会较多，比较能知部分青年的实际情形，我们常听到各方报告，抗战以来，大后方各大学新生投考，有着如下的变异，起初投考工学院的特别踊跃，接着这个时期以后，投考的趋向，集中到法商学院，尤其是经济系的银行会计之类，现在似乎银行会计也渐失掉吸引力，学政治渐有起而代之的趋势，至于师范教育以及纯理论的学科，早都成了冷门。有人因此批评这是青年目光浅短，热衷功利所致，也有以为难免是青年舍难趋易的心理作祟，不肯下功夫，也有归咎于社会反常心理，及学校设备设施等等的。究竟什么是造成上述现象的因素，且不必论，青年学友诸君，学工也好，学银行会计或政治都好，反正我们这国家，到处缺乏的是人才。抗战结束，各方面大量建设的时候，需才更多，学成总可致用，也总可有用，问题是在能否真实为国家社会贡献。因为每个人能服务称职，都要有真实的本领，已经立定了志愿，选定了学习的目的目标之后，如何认真的充实自己的学力，确是值得诸君深思的。

尽管我们可以把不能专心认真学业的理由，解释到社会影响上去，在青年自身，却万万不可以拿这个解释来原谅自己。也许因为我们在教育界各方面较为熟悉的缘故吧！常接到青年学友的来信，有的希望我们一纸八行笺的介绍，可以免考入学，有的希望我们设法蹿等跃进，本是没有证件的，没法证明，本有规定办法的，希望特别通融。我总是劝他们凭自己的实力，勿求助于规则之外，勿看事情太容易，要看得远，踏得实，希望社会上夤缘奔竞侥幸取巧的恶风气，不致传染到纯洁的青年学友身上。青年学友诸君，假如我们真的如某些青年所期望的帮助大家，大家也竟然如愿以偿，引以为荣，甚至以此傲其侪辈，甚至认为不再需要自己努力，养成一种不正常的心理状态，就个人及国族利害上说来，岂如爱之适足害之，我怎么可以呢？我怎么忍心呢？

青年学友诸君！我们抗战大局，必须自力更生，不能稍存依赖心理，一味希望外援，有政府领导，更要全体民众，自动起来从事一切抗战工作，青年立身行事，也应撤掉依赖和走捷径的办法，堂堂正正跟着大时代前进。

诸君！如果你们尽了最大的努力，还是在生活上，学业上，为了限于自身或环境，不免感觉多少不满意，诸君！千万不可因此"怨天尤人"，只有随时随地展开那脑海里空前悲壮惨烈的一幅图画，即几百万将士在浴血苦战，几千万同胞，求生不能，求死不得，蹂躏在暴敌铁蹄下,拿你们生活上,学业上种种的不满意,和他们悲壮热烈的画景,做一个对照,看发生怎么样感想?

我爱青年诸君我为青年诸君告,人们都羡慕常绿树木的挺然秀立,但要知道,只有经得起苦难的试验,有坚实枝干的,才不会有秋风起后的凋零呢!

（原载《国讯》旬刊,第 317 期,一九四二年）

12 速觅半丧失之国魂而叫复之

这次十个讲题,这一讲,较为重要。也可以说是兄弟发起本讲座的一个主要贡献。

我们深信每一种生物都有生命,精细剖视的结果,除了物质以外,所以会有生命,一定还靠另外一种东西。植物方面,一般专家研究生机的由来,尚未有满足人意的答复。对于动物,深信他们能够生活,一定还有一种东西在主持发动。这生命的源泉,对最高等动物——人。自然更有研究的必要。"人为万物之灵",这句话,我向来不敢作这样主张,实际上,人的听觉不如狗,视觉不如猫,爪牙气力均不如虎豹。而偏自夸为"万物之灵",究竟人以外谁来承认呢?(大笑)这种"夜郎自大",应该自己觉得惭愧,话虽这样,到底人类有多少方面,和其他动物不同,兄弟虽不懂禽言兽语,不知其他动物的舆论怎样?对人类的批评又怎样?(大笑)吾人只确信人类有若干特长,这种特长的基础,本来与一般动物一样,而独能继续发达,结果形成今天的人类,人类就自己确信这中间还有一种发挥高度能力的灵魂,在那里做一切的主动,关于人的灵魂问题,此刻不暇研究,吾要研究的是一个国家的整个的灵魂。

我们知道一群人,或者因为生活方式的形成与历史的演变,而成立一种不可分的关系,或者因这群人与这片土地发生了联系,就在组织上构成了一种传统关系。结果便成立了国家。诸位，刚才已经说过了。人类在物质以外，所以能够生活，还有一种东西，在主持发动，这种东西无以名之，就叫做灵魂。西洋用科学方法造成"机器人"，一切都行，但是自己不能够活动。这就为缺少一项发动的东西——灵魂所致。宗教家，哲学家，都承认灵魂的存在，新哲学家更想打通灵魂与人间的界限，而探究它的底蕴，但除最新的心理学家，在这方面，有点报告以外，其他还没有使人满意的成绩。不过灵魂这项东西，无论把他当作什么，总不能反对他的存在。这且不去管他，现在我们要研究一个国家，除了土地、人民、政府三种因素以外，还有一种东西，应该注意，比如说吧，土地与人民之间是怎样联系的呢？人民与人民之间的关系怎样呢？政治法律一切渊源在哪里呢？支配社会人群的共同心理是怎么呢？这都不能不注意。吾提出国魂一名词，不过使名词简单，易于理会罢了。如果具体的说，所谓国魂，也就是上面所说的东西。质言之，即是研究国家所由构成的国人共同心理——说穿了，并无神秘奥妙之处。兄弟深信每一个国家都有他组成国家的国人共同心理，也就是这个国家的灵魂。

中国国人的共同心理是什么？我们在这里的人，全是知识阶级，也许可以代表全国国人的共同心理。全国国人的共同心理，究竟是怎么一回事？我费了不少的时间去思考，左思右想，千思万想，终于想出了一个办法：第一，把全国国民共同的具体的表示做一假定。第二，再把外国国民所有的表示，拿来与我们比较。

要研究全国国人的共同心理，最好是从"人"上着眼，以现在的人来讲，如问全国国民中被认识得最多的人是谁？谁都能答复，是"蒋委员长"。不过我们要避去今人，把古人来研究。古人中究竟哪几人，至今还被全国国民认识得最多的呢？首先我想到孔子，自然孔老先生像我们这些人都能认得，但是田里插秧的人，就未必全都认得吧，因此我又想，结果想起了三个人，这三个人是否合格呢？我曾做过几次心理测验,第一次是在成都对五个高中的一千五百余学生讲话测验过,第二次是在华西大学体育馆两次公开讲演中提到过,第三次是在成都少城一个朋友家里对五十多个青年学生测验过,第四次在岷江上游对威州乡村师范学校四百余学生讲话时提到过。用什么方法呢? 我未说之前,要大家心里想出三个古人,为全国国民所最佩服的,想定后不说。让我说出三个人来看是否如他们所想的相同,对的就举手,结果呢——百分之百都举了手! 今晚我仍用这方式,不过更简便一些,诸位认为对时,就不必举手。不对,再举起来。现在,就让我说吧:

第一个,关公(没有人举手);

第二个,岳武穆(没有人举手);

第三个,诸葛武侯(没有人举手)。

诸位,哪一位不赞成,哪一位举手(一个都没有举手)。不过我得声明,我们都没有受他们三位的运动啊(大笑)! 现在我们就来研究这三个人吧。

这三位先生,环境各不相同,而且各人的立场和身份也不同,但有一点相同的,就是他们都是失败者,我们知道关公败走麦城,非常之惨,岳武穆风波亭之死,更为冤枉。诸葛武侯明知不可为而为之,结果,身死而国不久便亡,亦不能不认为悲惨。那么,若是他们崇拜成功的话,只应该崇拜汉高祖明太祖这一流人,而大家偏偏崇拜这结果很悲惨的三个人,这是什么缘故呢? 大家说这是小说的力量。不错,但这小说不仅三国演义和说岳,其他西游记啊,红楼梦啊,不都是风行一时的吗?! 为什么唐僧和他的徒弟,贾宝玉和他的爱人等等,不为一般人崇拜呢? 我们弄弄文墨的人,自然晓得贾宝玉,但一般老百姓谁管你真宝玉假宝玉(笑)。那末,究竟是什么原因? 兄弟研究结果,认为中国国民有他们的一种本性,而这种本性,恰好被三位先生代表了他们,尽量地发挥出来了。也许这种本性,还没有普遍发挥,而因三位先生的故事,使得他们潜伏在心坎里的,忽然明白表现,或表现得更为坚强了。三位先生的故事告诉我,关公和诸葛武侯为的是大汉,岳武穆为的是大宋。前者为的是国家,后者为了国家还为了民族。都不是为他们自己。凡是为国家民族的,是值得崇拜的。为国家为民族而失败的,值得哀敬纪念的。不是明明白白的吗?总之国民的共同心理,和他们的行为,是不可分离的了。请各位暂且把这问题摆开,另外是一个有趣的问题。

在座诸位,当然都读过中国历史,中国历史我们知道一共三类,一类叫正史,一类叫编年,还有一类叫做纪事本末。今晚仅谈谈正史。怎么叫正史?他的原则是一朝一史,断代为书,他所依据的史料,都比较严正,这种正史,自史记以下,共有二十四种。所谓"二十四史"就是。现在加上新元史,一共是二十五史。兄弟学问肤浅,但对正史也爱翻翻。每一朝的正史,中间都分有若干类,有一类叫做列传,他的原则,是一人一传,这种自然都是当代有地位的人了。我们知道无论在前清,或是现在,要办到死后交付国史馆立传,那是不容易的事。列传当中,也分几类。如"名儒"是一类,"循吏"是一类,这些都是很容易懂得,可是其中有好几个类目奇特得很,现在列举在后面:

(一)忠义,节义,诚节,死节,死事。

有以上类目的在二十五史中,倒有十二史之多,每类少则几十人,多则百余。

(二)孝行,孝义,孝友,孝感。

在二十五史中,列有上项类目的多至十六史。

(三)独行,卓行,一行,笃行。

在二十五史中,列有上项类目的,共占六史。一个人有气节,有骨格,所谓"特立独行",不跟人乱跑,不好热闹,孤芳自赏,为了正义,别人赞成也罢,反对也罢,各行其是。像这样的人,每一类目中,至少也有几十。

（四）游侠刺客。

史记和汉书中，都有这两项类目，真是奇怪，这些人都是专门干打抱不平，替人报仇雪恨的。在法治国家，可以说是破坏法律，中国呢？不但不责怪他，反而说"打得好"！一致重视他，还替他记载扬名，传诸千古。

诸位在座专家很多，研究外国史更不少，我要请问外国的史书中，有没有这些类目呢？我读书很少，不敢说武断的话，只是感觉到中国历史的特色，也就是这些。中国特殊的国情，也就是这些。我小时读书读到这些地方，只觉给我的是兴奋，给我的是感动。没有理会到民族精神的关系。抗战以来，我注意了。欧洲大战，太平洋大战以来，我更注意了。为什么外国打仗，中间有几个国，兵那么强，器那么利，不到几个星期就完了？中国呢？打了五年。还在那里拼命。回头把自己的历史看一看，才知道中国国人脑海里暗伏着的，原来就是这么一回事。

不单是这样，我还可以提出反证。在明末清初的时候，有明朝的臣子而忠于清朝的，这些人中间，第一名就是——洪大经略洪承畴，明末时洪做过宰相，坚不投降，自愿饿死，表明他的心迹。满清无法，当时一位绝色的皇太后，亲自捧了一杯人参汤，走到双眼紧闭着的洪氏榻前，很软靡靡地，很暖温温地，叫几声"洪大经略！""洪大经略！"洪氏微微地把眼一张，原来一位绝色的女子。这绝色女子，继续着说："洪大经略！"你喝杯水吗？完了。洪承畴就是这样投降了满清，而且做了清朝的宰相。这不是桩笑话吗？（不过洪承畴对后来满清的覆亡，有一点大有关系，值得提到的。他劝清朝将八旗子弟永远给予恩饷，使得子子孙孙，没有失业的顾虑，以奖有功。从此武力消失，到后来洪杨之役，不能不靠湘军淮军了。革命军起，八旗兵绝对没有抵抗力了。）投降清朝，而且做了宰相，自然了不得啰。可是到乾隆朝时，洪氏已死，那时天下太平，四方慑服，乾隆帝一道诏书要从国史里添两个题目：一是"贰臣传"，一是"逆臣传"。逆臣不用说了，所谓贰臣即原是明臣，后来投降清朝的。而就把洪大经略列做第一名，诸位，这中间并没奇怪，在没有得天下以前，希望你们投降。得了以后，就要对你们口诛笔伐，以儆将来，也就是证明二千四百年前"忠臣不事二君"这句话，一直还有很大的力量。从正面看这样，从反面看，还是这样。这真足以代表中国这一类思想的根深蒂固。还有一个故事，某地方唱草台戏，"华容道"，关公红脸绿袍，一出场，观众肃然起立致敬，另一人扮粉脸曹操，上场才唱出两句，一个皮匠跳上台去，将曹操一刀戳死，全场观众一时对皮匠大表同情，以为曹操不杀，杀谁。诸位，中国的事，真是妙不可言。现在呢，杀曹操的风气，不容许存在了，但对关公的敬意，仍是普遍到全国。诸位，请问外国有没有这一类事呢？这就是外国和中国最不相同的地方。前讲革命诸先烈的伟大贡献，我就说明革命得到成功，全靠这种精神所致。诸位啊！革命所以成功，全靠一般民众与革命党人不怕死的牺牲精神。为什么黄花岗七十二烈士，至今犹受全国崇拜呢？诸位，昨天我所讲的民族兴亡周期律，一个民族复兴，也就全靠这种精神。等到他的衰亡，也就因为失去了这种精神。中华民族几千年，靠这种精神，就是中国社会内层的组织，也就是靠这种精神在维系。前天还讲，中国社会内容的分析，中间关于"帮会"历史，还没有详细讲过，实在呢，明朝亡国后，好些志士，不愿做清朝顺民，暗中提倡和组织秘密团体，这种团体，经过很多次的演变，一直流传到现在。"帮会"在上海，发达得了不得，纱厂做经理的，很多加入帮会。有人办一个纱厂，一切都弄好了，经理命令开始工作，工人都全体不动。后来有人说，除非请看门的写一布告，果然一个纸条，五千工人，立刻服务，一齐动手。这是什么缘故呢？帮会最讲字辈，这位看门的就是天字辈呀？这样一来，经理也只好加入帮会，去拜这位看门老头子了。诸位，中国的社会内幕，原来是这么一回事。

左宗棠曾经到新疆去平回乱,率领大军,浩浩荡荡沿长江汉水而上,半路上接到两江总督电报,说有主姓匪首,秘密到武汉。左氏到了武汉,无从查拿,一天他看见他的部队,在江边自由移动,摆了很长的一字形阵势,一人走过,全体士兵们立正致敬,连将官也在内。左宗棠简直觉得奇怪透了。问一位经验丰富的幕友,才知道,那个人就是被通电缉拿的匪首。是帮会的大头目,军队都是他的部下,他们哪里肯听长官的指挥呢。后来,左氏也加入了帮会,取得了实权,平了新疆。诸位,他们这种秘密组织,又靠什么来维系呢?原来就是"忠义"。弟弟对于哥哥非服从不可,而且要忠心服从,不忠不义的事,绝对禁止。例如侮辱妇女,尤其是朋友的家眷,犯者非处死刑不可。有了钱,大家分用。这种江湖的习惯,几百年来不改。"九·一八"以后,一般人均感觉要抗日救国。这一般江湖豪侠,在"一·二八"和"八·一三"上海作战时,他们喊出一句,"不许有一个人投降"。还有一句"大家去杀敌人",我昨天讲的那位姓胡的司机毁灭敌人全车军火,原来这位胡阿毛先生,便是帮会的一员呀!弟兄们中间,一个的母亲年高了。一般弟兄都去拜寿。有丧事,大家都去帮忙。他们的脑海里,充满着对个人的道德观念,渐渐扩大到国家民族,那就了不得。可是他们的基本信条,只是代表全国国民的心理。

我现在把全国国民的心理归纳起来,列举出来。第一是"忠"。这个忠字,并非单指"忠"于君的意思。国父中山先生在民族主义中,对这点讲得很透彻。有些人认为满清君主已经打倒,用不着忠了,实在是大大的错误。今后的忠,须扩大范围,要忠于国家,忠于民族。

第二是"孝"。这个孝字,在中国人心理中,真可说是根深蒂固。我讲一个故事给大家听听。三千年前商朝的纣王无道,曾把周文王囚于"羑里",后来文王死了,武王兴师伐纣,军中特地把一块文王的神主牌,供在车子上,打得纣王大败亏输,商朝就此灭亡。他这种举动,是什么意思呢? 要使士兵们都知道武王伐纣,并非自己想做皇帝,实在是替老太爷报仇。同时还要使老百姓都觉得武王真了不起,能替老太爷报仇,这种好人,待老百姓还会错吗? 从此万方悦服。这种事明明记在正史上的,这片神主牌,实是武王最有力的武器。而武王这一举动,就是他的成功要诀。吾人倘然用深刻的眼光去读这种古书,可以说,像周武王,真是善于利用民众心理。中国人的传统观念,是"天下无不是的父母",可以看出"孝"的心理,根深蒂固到这地步。

第三是"信义"。"忠"对于国家民族,"孝"对于父母,而信义则为人与人间相处的必要条件。内地商店,店柜上竖一木牌"信义通商",到处可以看见,诸位,我常注意四川的风俗,尤其是成都,成都城内外茶馆多得很,坐茶馆的人,除掉少数以外,都在办事,办什么事——做生意,在茶馆里怎样做法呢? 四川人真聪明,表面上海阔天空的摆龙门阵,彼此袖子里都在捏对方的指头,"三四五",不对"三二一",不行,"一二四七",对,就成交了。旁人只听他们在摆龙门阵,那晓得他们在做生意呢? 兄弟够不上四川通,请问在座四川朋友做过生意的,你们生意是不是这样做的? (笑)这样做法,靠的是什么? 只靠"信义"两个字。要不然,明天不承认你"一二四七",有什么证据呢? 可是,众人脑海里,觉得指头都捏过了,还图赖,简直不是人了。(笑),兄弟自己可以说是"老上海",上海许多钱庄,普通习惯,甲乙两庄款项往来,都将票纸交与老司务夹在手指缝里,一张票几千几万,甚至几十万,送来送去,不记多少,都只认票不认人,这般老司务,决不会发生什么问题,哪里像现在的银行种种手续,这样麻烦呢? 这不靠"信义",如何办得到?

第四是"勇侠"。打抱不平的精神,为中国国民自来就具有的,信义适用于平时,到出了事情的时候,所需要的是锄强扶弱,所谓"见义不为,无勇也"。正是任侠好勇精神的充分表现。

第五是"气节"。在平时还不觉得，到了国破家亡无可奈何时候，要讲到气节了。一首文天祥的"正气歌"，就是很好的代表。我又要称赞四川人了。我们永远记着，三国志演义上说："四川只有断头将军，没有降将军的。"

勇侠、气节等等，诸位，如果要在历史上搜求事实，只须从二十五史上开各类目中去找，真是美不胜收。依我的分析，忠孝是人生基本，人与人相交靠信义，勇侠所以保护善良，扶持正义。至于气节，简直是不得已时对国家民族的最大的贡献。杀身成仁，为国捐躯，乃是最后的贡献，在中国认为是天经地义。

这八个字兄弟不是随便搬出，却是费过一番研究功夫的。中山先生认为还有仁爱和平。仁爱藏在内心里。以上八个字都是属于行动，至于和平，是对国族间一种态度。上次讲到五十年来的新教育。"忠"、"孝"、"信义"、"勇侠"、"气节"，这些东西，教科书上不能说完全没有，但实在还值得强调一下。因为这些都关系国本，所谓新教育是舶来品，西洋各国对这些提倡得很少。不但政治学上谈不到，即教育上亦很少注意。只有宗教家才提到一点。我曾经看到一部电影片，已忘记了题目，有一位反对宗教的国王，强迫教徒们放弃宗教，不肯，这位国王下令把所有教徒，关在一间屋子里，隔壁养着大群狼狗，告诉他们要是不放弃，就开门让狼狗来咬死他们。可是教徒们不但不改，而且自动结队，由一教士领导，唱着赞美诗，走到隔壁去让狼狗把一个一个咬死。这虽是电影，可是宗教徒确有这种殉教的精神。抗战以来，就我所知道，基督教徒天主教徒，一面抗战，一面传教，被害的不知凡几，这种精神与我们"忠"、"信义"、"节侠"、"勇"的精神都相同。兄弟认为，因为这次打仗，有等国家一败即举起双手，摆在面前的这种怪现象。恐怕将来都会想到，政治上、教育上，必须提倡这些基本精神才行。不过中国再不好等人家提倡才去附和，应该老早就该把几千年来传家的宝贝，好好重视、好好发挥。抗战能到今天，就靠这些精神,诸位,对不对呢?这些精神可以说是天赋的,而非人为的。所谓"本能","本性",就是。庐山有一地名玉渊,瀑布从上面冲下,荡成一个漩涡,水势又陡又急。石又滑,站在石上就会溜到漩涡里去,三十年前上海圣约翰大学两位教授游到那里,一位忽然给水溜下打转,另一位教授姓孟的,眼看他将灭顶了,说时迟,那时快,立刻跳下去拉他,两个同归于尽。第一个人或者是不小心,第二人是明明白白为朋友而牺牲。大众感动之下,集资就在约翰大学校里建一个"思孟堂",来纪念他。请诸君想,这位孟教授从发现一个溜下打转,到他自己跳下去图救时,恐怕距离不到一两秒钟,或许竟不到一秒钟,在一秒钟间要决定一政策去救人,去决定生死的趋向,请在座心理学专家研究,这不是靠他的本能,靠什么呢?诸位,人类均有一种本性,——如爱群,都有一种本能——如抗战。动物也有这种本性和本能。把鸡来说,鸡本是代表和平的动物,可是鸡在孵卵时,你如果打扰它,它虽是天生的和平使者,也会啄你!因为动物都爱同类,尤爱其所生。只是一般动物有一个弱点,就是记忆力不及人类,不然定会写在他们的历史上!(大笑)我还要举一个例,来证实抗战的本能。在菲律宾曾见过"斗鸡"。鸡的本性即是和平,如何使他们斗呢?斗法是这样:在一个斗鸡场里,斗主各自拿出鸡来,这两个鸡原来相亲相爱,客客气气地决不肯斗的。管理的人先在甲鸡头上拔一点毛,让乙鸡的嘴啄它的创伤处,甲鸡痛极,怒目对着乙鸡,管理人又把乙鸡同样摆布,乙鸡自然也怒目相对,这样,他们就斗起来了,这就是动物也有抗战本能最好的证明。你侮辱了我,伤害了我,非拼了个你死我活,定不罢休。这种本能连和平的动物,也是具有的。蚂蚁也会成群结队的打仗,其他例子尚多,可见动物都有这种本能。人类不过发挥得更充分罢了。例如甲午之战,当时我才十七岁。那时教育当然没有普及,政府糊糊涂涂也没有人来领导民众,可是全国舆论都主张抗战,等到李鸿章议和回来,民众均称他作汉奸,小孩子们唱着"私通外国李鸿章"。试问当时有多少学堂呢？有多少报纸呢？有宣传吗？可见这正是本性本能的表现。后来庚子之役，义和团以迷信而打外国人，迷信虽是迷信，但排外的心理，即是爱国心冲动的反面，根本上何尝错误。不过方法不合理罢了。所以依历史的眼光看来，此次对敌抗战，亦可说是本性本能的表现。

我今天的结论：中国的国魂在什么地方，就在中国古来最大多数的国民，他们传统下来的共同心理——"忠"、"孝"、"信义"、"勇侠"、"气节"，这种心理，是立国最坚强的础石，可惜弃而不用，反一意摹仿外人，到今天该看看向所崇拜的，他们弱点的暴露，已经够分明了！把自己来比较他们所无，倒是我们所有。"亡羊补牢，未为晚也"，而日前传到家乡消息，江苏的江阴，祝廷华先生七十多岁了，是前清进士，敌人来了他坚不投降，又不忍离乡，结果牺牲了。这是什么使然？这就是"气节"。可是这种精神，"于今为烈"，但是大家想想抗战五年来，新知识阶级中，究竟牺牲了多少呢？殉国青年志士不少不少了，但是，但是——我们要挽回劫运，必须赶快复兴国魂，怎样才能将国魂恢复呢，今天诸位太辛苦了，明天还有两讲，再来做最后的解答。

（原载《中华复兴十讲》一九四三年）

13 如何恢复国魂

黑板上先写着：

（甲）关于公共行动

（一）认定大我不死。

（二）尊崇忠孝信义勇侠气节各以身之为之倡。

（三）基于爱国家爱民族观念而对内团结,基于人道主义泛爱主义而对外合作。

（四）养成守法精神和习惯。

（五）厉行军事训练。

（乙）关于个人行动

（子）平时

（一）理必求真,事必求是,行必踏实。

（二）增加生产——勤,节约物力——俭。

（三）厉行身心锻炼,规律生活,

（丑）临时

（一）精神镇定,设计周密。

（二）在政府领导之下,结合同志,严密组织。

（三）进则为游击战,退则厉行一切保持力量,阻止敌人进展的有效方法。

今天预备向诸位提出最后要讲的话。过去八次都是为了现在所要提出的办法,实则我所提的办法,前面大略都已说过,今天不过归纳一下,但是先得声明的,所提的办法,都是很平淡无奇的,吾们所要求的是真确,不是新奇。

如何恢复半丧失的国魂呢? 还好,现在所丧失的还仅仅一半。

在民国刚刚成立,革命初步告一段落的时候,一般人心兴奋非常,我曾经在上一讲里引到我一位朋友的儿子,要洗心革面来做新国民的话,证明当时人心了不得的兴奋。但不幸后来二次革命失败,从袁世凯想做皇帝起,政治风气渐渐腐化,社会也受到腐化影响,这种影响,最早发生于选举议员,不但国会议员连那省议员也得拿钱去买,据兄弟所知,当时凡是买卖得来的议员,每个至低总得花几千元。沿海某县,有一富翁,曾花了十几万元来买得一个省议员。诸位,像这样选出来的人,当然是一塌糊涂的了。有的人在议会里,腔都不能开,也来当议员,可是当时毫不觉得羞耻,某乡有两个初选当选人,每一张票得两千元,合起来得四千元,就把这四千元,来造一条马路,叫做"议员路",这条路兄弟曾经亲身走过。诸位,这样风气,真令人长叹,真所谓习非成是了,大概不花钱而当议员的是很少数的了,这因为当时有人著书提倡,说外国政治家,不惜用金钱的,议员都是从金钱收买得来的,任欧化狂潮之下,如有人异议,便说你是不了解西洋政治,不配讲政治,讲政治就不能讲道德,你还没有懂外国政治呀。在到处乌烟瘴气之下,记得当时一位很有才能的朋友,曾经对我说,"现在还有什么希望呢? 只好弄几个钱算了吧!"诸位,社会风气要他坏很容易。要他好,千难万难。这种实在情形,我愿拿来供给社会学者诸君做个参考。

我在过去短短的生活中,对于树立社会良好风气这一点期望,受到刺激真不小。当时社会风气已坏到这般地步,一部分知识阶级,也糊涂到这般地步,但国家没有亡,究竟靠什么呢? 除了一部分头脑清醒的知识分子以外,还有一种基层分子,他们倒主持正义,他们只知道私人恩怨,他们完全不知道法律,他们所崇拜的是关岳,他们也知道国家,他们替私人报仇时是不顾一切的。诸位,若是连私人报仇的勇气都没有,平时的秩序,固然平安无事,到敌人来时,当然也就平安无事,听其所为了,所以游侠刺客,给历代重视,这种反抗精神,只须把他纳在法治的正轨上,就是最好的国民特性了。上边不是已经说过么,中华的国魂,一半还系在上开几个人身上。

现在,要把国魂完全恢复起来,怎么办呢?兄弟想分做两方面来讲,一方面是公共行动,一方面是个人行动。

在未讲之先,兄弟要提出一个问题来和诸位讨论,这个问题如果得不到圆满解决。一切都不能谈。什么问题呢?就是一个字:"死。"这个字我们不能不研究,别的问题我们还可以避难就易,这个问题决不能因畏难而不讲。

诸位,哪个人能不死呢?可是也可以安慰诸位,哪个人又死两次呢?所以"死"算最公道,无论你富贵豪强,也得一次死,同时也决不因你贫贱而死两次。我从前不懂死,当十三岁时,我母亲死了,像天崩地塌一般。从此大大觉悟到人生逃不过这个绝大关头,就是"死",在廿五岁时,满清政府,认定我在煽动革命判定了死罪,虽没有死得成,也算来了一个心理演习,从此,我常常想,也许我会在一秒钟里死。可是我在这样假想,你真会在这一秒钟里死吗?真要死的话,你总不能说,我的讲座一共十讲,现在才八讲,等我讲完了再死吧!你更不能说,我遗嘱还没有写好,某桩事还没有办了,让我把这些事办好,再死吧!你死的时候,决不要想到,也决不能做到还有哪样东西是我的。我固然是穷汉,但我却喜欢一样东西——书籍,除了我在上海发起一个图书馆,有一二十万卷书以外,兄弟私有的图书室,也有万把卷书。记得在一九一五年到美国时,在纽约拜见过电学大家爱迪生。他说:"我在世界上别无希望,只希望我死时,将这间试验室带去。"我也这般想,我死时,最好能把这万多卷书带去,但后来知道错了。赶快将我的藏书室,定名"非有斋",表示非我所有。诸位,最心疼的图书,尚非我所有,其他还有什么? 觉悟到这里,对死也就满不在乎。或者说,你还有好朋友,还有几个儿女,还有夫人,这些人丢得下吗? 你不可以死呀! 不错,我的夫人,我的儿女,我的朋友,当然是所爱,可是中间有一界限,就是在临死一秒钟以前,我每一分钟每一秒钟都爱他们的。但只能到最后一秒钟为止。只要我非自杀,可告无罪于夫人和儿女和朋友。还有什么留恋。我有这种念头,已经三十年了,三十年来,凡我一人独居的时候,我就把这些思想来训练我自己——什么东西都可以丢掉,什么心事都可以放下。自然我也就无惧于死了。不过,现在我还没有死,我的训练结果,还没有经过实验,当然不能说已经成功。但是我总认为这种训练,对于消除生死观念,大有效果。同时我觉得,把这些扩而充之,用到抗战上来,更有效用。

我对于生死问题,今晚要贡献诸位一点新的意见,很多人都主张"大我不死",什么是大我,大我对小我而言,小我是指自己一个人,大我乃是指全群。如果指全国,当是更大的我,至于全世界,全宇宙,当是顶大的我了,我对于这个问题曾经用尽心力去想,结果,终于想出一个办法来,使我感到绝大高兴。

我的研究,是从植物开始的。今天在座有植物学专家还请赐教,我看果树的接枝,不但甲树可以和乙树接好,更可以把乙树和丙树继续接下去,使生机不断地蓬勃,我又看见地上青草,每根草都有它的生命,可是它们之根,大都联在一起,假如把甲草芟去,乙草依然活着,把乙草芟去,丙草,丁草又活了,如连根拔掉,不多时,它的种子天然发生,另一根又长出来了,你能说后来的草和先前的草没有密切关系么? 从植物推想到动物他们的传种,能说后代和前代没有密切关系吗? 既然整个的生机没有断绝,那么一人的死不过局部的现象,大我哪会死呢! 我们牢牢记着这一点。

这是纵的研究,再来一个横的研究,请问你爱不爱你自己的手?当然爱的呀!把他砍掉,你将怎样?不行,要砍掉我的手,就得和你拼命。那么将你家人砍死怎样?那也非拼命不可,假如砍死你的朋友呢?自然也一样要拼命的。那么假如你在外国,看见一个中国人正在给外国人欺侮,你能不理么?不行,那我一定要去救护他的,那么假如你拿了枪走在荒野里,看见一个不知国族的女子给狼狗在咬,你能不开枪打狼狗么?那非打不可,好了你的手是小我的手呀!可是一层一层推想到大我,你何尝不爱他们?这不是很自然的博爱心理的表现么?你再设想一下,假若他们都死了,你一个人活着,一定没有兴味的呀,反过来说,在你独居一间屋子里的时候,假如他们在另一间里平安无恙,一定会感到很大安慰的。进一步,假如你出门三天,知道他们都平安无恙,那自然很安慰的。假如你出门五年十年不回家,但知道他们都平安无恙,自然也会安慰的了,再进一步,假如你一百年两百年在外面,而他们都平安无恙,你自然也会觉得安慰的了。那么,朋友:你可以死了(大笑)。的确,只要你能将死后所担心的那些消极念头去掉,积极方面,确信大我不会死,确信他们平安无事,自然就会无惧于死了。我就是这样训练我自己的。

最近我又学到一种新的训练方法,那是我夫人死了以后的事。本来生死的道理,几十年来,早在研究,到我的夫人死了以后,在这一年半中,却对"死"的问题,有了一个新的觉悟。我的夫人死了,许多小时的朋友也都先我而死了。我还活着,那么我活着时,可以和现在的朋友们,儿女们相亲相爱,到我死了时,我又可以和我的父母,我的夫人,我的过去的朋友们相亲相爱。那不是很好么,好像我有两间屋子,一间有生存着的朋友和儿女,另一间,有我已死的父母、夫人和朋友,两间都很好在那里,碰巧到那一间,就到那一间是了(笑),真可说无往而不乐。

总之,我个人的身体,一会儿就完结的。但没有关系。我恭候在此。终有"呜呼哀哉"的一天。我满不在乎。因为大我不会死的，有大我在，我死了同样得到安慰的。恰如我的家被敌人弄光了，我也满不在乎，因为"我"的范围还大，板垣说，四万万五千万中国人，是无法杀光的，而且这一代的人死了，还有下一代呢。一个小民族要灭掉大民族，那不是容易的事，所以敌人尽管用尽他的方法来对付我们，只要我们有牺牲精神，中华民族的前途，一定乐观。

昨天讲中华的国魂，谈到忠孝信义，勇侠气节这些，结果都得有把生命去牺牲的精神，所以"生""死"观念，一定须先把他弄清楚，这里又使我想到宗教精神了，宗教，首先就得打破生死的念头。上次讲的基督徒穿好制服唱着赞美诗，去给狼狗咬死，而不肯放弃信仰，就是宗教精神最好的表现。这次对暴日抗战，在华北，在华南，在所有的沦陷区里，许多传教士，都宁愿被敌人杀死，而不肯投降，这种殉教精神，不仅基督徒是这样，佛教和回教也是这样，佛教认为一切不好的念头，都由此而起，故必须予以打破，打破它有两种方法：一种是知识方面下手——从学理上研究，在他们的宗派上讲起来，有好几个宗派，都是这样。而最专精的，是法相宗。另一种方法，是把轮回报应说来宣传，他们无非认定大我不死。

大我不死，从科学上讲，从哲学上讲，都讲得通，所以对于如何恢复国魂这问题，第一，认定大我不死。

我且接下去讲：

第二，尊崇忠孝信义勇侠气节各以身为之倡。

关于忠孝信义勇侠气节，前面不是已经充分讲过么？前次还讲到每一个人都具有爱群的本性和抗战的本能。诸位，我们要知道不怕死是人类的天性，到了前线，定会不怕死，可以说这是群众心理的威力。在一群中，只须一个人振臂大呼，喊声"打呀"！那时你也就绝不考虑一切，凭着一时冲动，随着群众一齐动作起来了。就会不顾生死，前仆后继地冲上去了。可见要人去死，并不是难事。从前我虑我们中国人怕死,可是抗战以来,我们中国人的确勇敢,那里怕死呢?因此我觉得对一般的民众要提倡不怕死,有两个方法:一个方法,利用他们的本能,一方面把先圣先贤忠孝信义种种悲壮热烈的故事告诉他们,在抗战期间,如更将敌人奸淫,掳掠,烧杀种种事实,尽量宣传揭发,这样,一定会激动得跳起来去从军杀敌,让我报告一段事实。

　　民二十七年,桂林城里有一位军官,在前方负伤回家,他的母和妻都说,既受伤了,对得住国家了,不用再去了。可他伤好后,还是要到前线去。他的母亲大哭。他的太太跑到内房去上吊。邻居赶快去把太太救活过来,所有亲朋都到来劝解,这时这位军官,便站在一条凳子上,当众演说:我并不愿意打仗。打仗是万不得已的事,我在前线眼见着老百姓所受的苦难,眼见着敌人凶狠狠的残暴,怎样,怎样,一桩桩事例举出来,还没说完,母亲也不哭了,而且说道:"那么你去!你去!"才救活的太太,从房间里跑出来,说道:"果真这样,我也去!"诸位,这是事实,那年我到桂林,亲听到人家讲给我的。这就证明,每个人都具有抗战和爱群的天性。人之所以为人,他的可贵就在这里。但是还有一个方法,对他们作理智的启发,就为有了上边所说人类的本性做基础,所以对着知识较高的人,解释做人的大道。爱国爱群的理由,小我不足爱惜,只有大我才是宝贵,这种心理都是从这几方面推广开来的! 现在要讲到第三点了,我们要充分发扬人道主义和泛爱主义的精神。我们中华民族立国几千年,而且包容同化了这么多的民族,靠什么呢? 一个"仁"字,是几千年老祖宗传下来的宝训。

　　"人者仁也。"什么叫做人道主义? 凡是人都以仁道待人。孔子说,"泛爱众而亲仁",对广大的人类,要普遍的爱他,我们叫这做泛爱,拿日本来比方吧,日本在军阀麻醉下的一部分民众,完全有己无人,而我们气度,却大大相反,我们中国人根深蒂固的观念,就是望大家都好,我们内地旅行,到了很偏僻的乡村,我一个人家住宿,他们不但欢迎允许,还会留着吃饭。就到边疆地方,都是这样,到海外和一般侨胞接谈，更是这样。

我们中华民族可以说是天性仁厚的。我们固然不能让别人家来侵略，但侵略别人家，我们尤其不愿意，黎元洪大总统留下一句名言"有饭大家吃"，不许你吃，只许我吃，中国人可以说向来没有这样作风的，越到基层社会，越是知识低浅的民众，表现得越清楚。就靠这种相亲相爱的民族精神，对内才能够团结。对外才能包容许多小民族，成就了这样悠久伟大的国运。这大中华国风，我们要充分发挥到全世界去。"大同"的基础，也就是从这里奠定起来。这是全世界新的光明，全人类新的福音。我们也倡国家主义，也爱国家，爱民族，但不是狭义的，不是自私的。吾们要基于爱国家爱民族的观念而对内团结，要基于人道主义，泛爱主义而对外合作。

第四，要提倡发挥守法精神和习惯。我们在分析中国社会内容一讲里就提到我们国家，要进入现代化，一定要厉行法治。中华民国是法治国家，民治的根基，就是法治，欲维持内部统一，尤须厉行法治。任何地位、任何身份，凡在法律之前，一律平等。我们把民国以来短短历史检看一下，自从袁世凯破坏约法以后，全国各地军阀横行，根本没有法存在。国府奠都南京，第一步忙于内部的整理，第二步遭遇敌寇一步步压迫，忙于准备抗战工作。一直到现在，还没有达到理想的境地。可是我们要用艰苦的工夫，一面抗战，一面建国。今后我们全国国民的思想行动，定要在一条轨道上行走，这轨道就是法。立法尽可能多留弹性，使适切于中华国情与世界趋势。我们要这样的法律，同时要大家实行，而且要从上级做起。我们不可以说这是"上头"的事。"上头"、"上头"，谁是上头。我们自己就是上头。说得近些，社会上被人称为先生，顾名思义，都是上头。人家恭维你是"人群模范"、"民众仰望"，假若模范是坏的，人家越仰望你，越不得了，所以守法，须从知识阶级起，须从自己起。民二十三年，我游浙东，某县长为了禁吸纸烟，自己先不吸了，规定第一个月，县政府全体禁吸，第二个月全城禁吸，第三个月全县禁吸。我去时在第二个月，因为县府已禁了，所以大家知道违反不得，推行很顺利。这段故事，写在我作品"之东"上边的。民二十八，我偕参政会同人，到川南一带去视察，一大批团员，马夫，滑竿夫，差不多有一百多人，我以负责人资格，告诉一群夫役，吾们到任何地方，遇到检查员，定要听候检查，决不能认为跟参政员出来，就可以不受检查，那便大错。手枪，知道你们没有的。鸦片呢？谁带，送谁到法庭去。结果，竟查出有人带鸦片，一个是公差，一个是厨子，当然送到法庭，没有什么客气的了。为此，我曾在汉源县向民众公开讲，国家要走上正轨，只有靠法。越是参政员，越要守法。我们已经守法了，希望诸位同胞大家守法。

我在江苏时，每次到南京，守城门的要检查行李，麻烦是麻烦透了，检查员说：把你的名片，拿一张给我们不就行了么？我说，我宁受检查麻烦，决不愿拿名片请求通融，诸位，守法一定要我们来提倡，因被人家称为绅士，便不守法，这种心理，就是亡国心理，这种绅士，就是国家的罪人。

第五，我们主张推行军事训练，抗战能够到今天，原因固然很多，但厉行军训，是很重大的关系。我们看见，凡是受了军训回来的，学科术科，得益很多，且不说，精神好了，衣服也整齐了，走路也像个样子了，见着人也有礼貌了，态度也比从前来得严肃了。我认为不但抗战需要军训，建国也需要军训，如果一国的国民奉公守法，公而忘私，为国服务，崇尚义侠，而又能每个人，乃至整个的发挥整齐严肃的精神，这个国家还不会在世界上抬起头来，我不相信的。反之，如果精神先萎靡不振了，还有什么希望？我常想鸦片的毒害，和军训的效力，恰恰是两个极端。在座教育界朋友很多，我们定会感觉到。就从教育上立论，军训也非要不可！我们要认识领袖提倡的苦心，军训不但不能松懈，而且要一步一步加强。不过军训是临时的。教育是平时的，当然同样重要。

以上都是公共行动，现在要讲个人行动了。

关于个人行动，分做两方面，一方面是属于平时的，一方面是属于临时的，先讲平时。

话也很寻常，我近来对青年学友，常常愿意提出十六个字，社会风气的败坏，工作效率的低落，甚至于立国精神的丧失，仔细考察，可以说都从这十六个字反面发生出来的。哪十六个字呢？就是个人平时行动值得注意的第一条：

第一，理必求真，事必求是，言必守信，行必踏实。

我们知道学校有一门功课：叫做体操，大学里有没有呢？中学还重视，小学确非常重视。为什么要体操？当然是为锻炼身体。怎样锻炼呢？课程表学校规定，每星期三天有体操，三天没有，也许功课排不过来，两天有体操，四天没有。诸位试想，合不合理呢？是不是学生体格那几天需要锻炼，那几天无须锻炼呢？是不是小学中学生需要锻炼，大学生，无须锻炼呢，是不是在校需要锻炼，到了家里不需要呢？难道这样就可以收获体育的效果了么？兄弟自己以前也曾学过每星期几天的体育，后来就没有了。直到三年前，我的左臂忽然不听号令。要他举起来，他总不肯，请教一位有名的医生，他说最好是体操，于是我就把从前学过的，修改修改，使得适合我的需要，星期一二三四五六是操、星期日还是操，暑假寒假还是操，这样继续下去，在我左边的那个部下渐渐听我号令了。为什么学校体操，不这样办呢？我们细想一下，体操的真理是不是在使身体健康呢？求健康是不是要实实在在地去做呢？为什么到了臂膊生问题，才天天体操呢？不仅体操这样，冬天的衣服求暖，为了漂亮，虽冷有所不怕，夏天求凉，为了习惯，虽热也无法，如果"事事求是"怕什么事都须加以考虑吧。

每到一地，常有许多许多人包围着要求写纪念册，册子是很讲究的，有的还是舶来品，累得一般黑水吸得并不够多的人，很难交卷。

好容易想出四个字写上算解了围！至于对这自己所写了解的程度如何，那又是一回事，有等好弄文墨的人，写一首诗，写不出，从唐诗三百首中间抄一首，至于受者对他所写的诗词，了解程度如何，那又是一回事了。

这些在求真，求是，求实的原则上，怕都有问题吧！我呢，很不想这样糊里糊涂过去。要求他们先在自己手册上写些欲发的问题，我来答复。这样，我反增加麻烦了，可是多么可爱的青年朋友，要是真有疑问，我一定诚心诚意地答复，不怕麻烦。假如，求者说不出问题，我又何必写。假如你怕写问题麻烦，那我也不肯麻烦来替你写字了。我一定"理必求真"，"事必求是"才对。

说到"言必守信，行必踏实"这倒是最有效的巧妙方法。曾经有一位青年朋友，他在毕业考试时，没有得到及格。我很清楚地知道了，觉得青年，读了许多书，而临了不能毕业，太可怜了，想帮助他，特请他来谈谈。我万分热诚地安慰他，并准备介绍工作，谁知他第一句就哄我已毕业了，叫我怎么谈得下去呢？这位青年为了说句不诚实的话，失掉一个机会，我们一定要替青年朋友开一种踏实的风气，不宜徇情。徇情，反对不起学生，我们要以善意纠正不合理的行为，好的加以奖励。诸位以为怎样？

第二增加生产——勤，节约物力——俭。

大凡天下最平淡的道理，往往包涵着深切的意义。我们后方每一个人，种田的，不使一寸土地荒废，做工的，每天增加两小时工作。做事多做一些，用物少用一些。这都是平常得很。可是，同时实行起来，功效就了不得。《大学》上说，"生之者众，食之者寡，为之者疾，用之者舒"，就是这个道理。古代谈政治，谈经济，大都这样主张。满清雍正年间，大荒年清帝下一道上谕，要每一个老百姓，减吃半碗饭，把省下来的，给没有吃的人吃。现在是抗战时期，我们更要节省。抗战建国最重要问题，在前方尤在后方，在前方的军事，尤重要在后方的经济，其他物资还不顶要紧。布没有了，我们可以穿旧的，房子尽可以慢慢建筑，最要紧的倒是粮食。现在粮食虽还够吃，但我们一定要多多增产，同时要认真节约，我们曾经提倡吃糙米和杂粮，去年重庆米价顶贵的时候，包谷较米价要便宜百分之四十，我特地请卫生署方面，把包谷的成分，开给我看。知道包谷不但不比米坏，而且发热量还较米为大，吃包谷还耐饿些。我曾把这些在报纸上公布。我去年劝公债的时候，到处劝人吃包谷饭，我的意思：我们吃包谷也好，红苕也好，小米也好，省下大米，由公家把它积储起来，送给前方，几百万大军都得吃大米，就是年成坏，也不致发生问题。

这些，我们都应从自己做起。比方战前用橡筋袜带，现在用绳子来捆，也可以的。不用肥皂，用油丸子，也可以的。这勤俭两个字，老百姓都懂得。实则远在几千年前，就发明了。《书经大禹谟》，"克勤于邦，克俭于家"，四千年前，就有这样精要的发明。试想欧洲那时怎么样？许多人喜欢用新名词，你如对他说，你该勤俭一点，他觉得这话太落伍了。你如说："我们工作得紧张一点，消费得节约一点。"那就对了，这也是偏重形式"不求真"，"不求实"的心理表现。

第三，厉行身体锻炼，规律生活。

古时有位学者，用一种练胆的方法。写字桌上，插一把锋快的尖刃，天天对着刀锋逼视，起初很怕，后来任凭锋芒厉害，也毫不怕了。当时用刀枪，倘怕锋芒，仗也就无法打。所以要不怕刀锋，正如现在要不怕炸弹一样。这种练胆方法，确是重要。有等同胞表现文弱胆怯，若是一辈子这样，纵使有爱群的本能，和抗战的本能，也就慢慢地会减少，会消灭，锻炼身心的方法很多，体操也好，军训尤其要紧。

其次，规律生活一定要养成，无论做事，无论读书，都要有一定的时间，地点和方式，我们都很钦佩苏联，崇拜列宁，列宁的办公室里，书籍在哪里，报纸在哪里，已办和未办的文稿在哪里，都有一定的部位，他几点钟办公，也从未迟到，参加会议也从未迟到过一分钟，这都是《列宁传》里的话。崇拜列宁，就该学他这种生活态度才对。自然，要养成规律生活，也不是容易的事，大人先生们尤感困难。但无论如何，定要养成。规律生活有种种好处：第一增进身体的健康，增进健康的条件有三个："一"要固定，我们生活日程表，何时吃饭，每顿吃多少，都要固定。"二"要变换，环境应该常常变换，在城里住久了，该到乡下住一会，对身体一定有好处。"三"要简单，不可奢侈浪费。养生之道就是这点道理，说穿了，又是很早发明的。《易经》的道理，很够精深的了，其实只含着三义，就是："不易"、"变易"与"简易"——生活要不易，环境要变易，生活方式要简易。这就可以应用于健康。这里，使我们联想到自然科学的道理，与社会科学确实相通的。

规律生活的好处，还可使工作效率加高，诸位知道军队生活是再规律不过的，晚上睡觉，皮鞋放在床沿的左边头向外，脱衣服都有次序，衣服的折法衣帽的安放，都有规定，这是什么意义呢？不太呆板了吗？可是忽然紧急号一吹，敌人黑夜来偷营了，找不到皮鞋，摸不到上装，试问，还能临阵从容杀敌吗？所以部位顺序平日就有一定，临时方能办到镇静迅速和确实。岂但军队这样，什么事都应这样，比方写字罢，写后把笔一丢，也不插在笔管里，墨盒不盖好，到明天笔尖硬化了，墨盒也干了，从新加水发笔磨墨，试问麻烦不麻烦呢？今天整理好，明天就可少却一层麻烦，而且笔保护得好，用的时候也可经久。就是钢笔吧，你不擦试干净，要腐蚀的，今天一笔千金，从经济方面说，也不能不注意呀！大而言之，养成临危不乱的习惯，紧急时才有资格去当兵，打游击。

以上讲了，我们平时的行动，再来讲临时吧，说到临时，如果有服兵役的机会，我们千万不好错过，人生难得碰到这神圣抗战的际遇呀！

退一步想，四川不一定有临危的事实，却不可以没有不乱的准备，怎样准备呢？

第一，精神镇定，设计周密。"临时要作平时看，平时要作临时看"，这两句话真是至理名言，到了临时，你慌乱有何用呢？我们正在开讲座，比方隔壁失了火，一时慌张，几百人都想从这一道门里挤出去，试问如何出得了？所以临时定要如平时；平时倒要戒慎恐惧，随时随地，警惕预防才对。以四川论，固然很安全，但就说到空袭吧；空袭的味儿，三年来我们当已领受得够了，这几天还好，假如天气晴，说不定就来呢！等到警报一拉，如没有准备一定会慌乱，不知所措，去年的"七·二七"惨炸，就因为是事前没有准备的缘故。我们硬要想得周到。

第二，结合同志，严密组织，我们一切一切不为别的，为抗战呀！我们要结合同志，去推动杀敌工作，还得在政府领导之下，严密组织，上海"一·二八""八·一三"各界都有组织，他们都表现了很大的力量。

第三，到必要时，进则作游击战，退则从事广大宣传，务求保持一切实力，厉行阻止敌人进展的有效方法。敌人最大的困难，在兵员太少，打了我国，还打南洋，还要准备打印度，准备打苏联，不怕泥足愈陷愈深，还要继续向我国侵略，所以我们民众，假如都能组织起来，在政府领导之下，配合国军的行动，和他们作游击战，你来扫荡，我就跑，等你走了，我又来了，牵制住他们的兵力，以便我们的国军来歼灭他们。这样，他们一定吃不了，至于其他办法，怎么保存自己实力，怎样阻止敌人进展，须随当时情况与各人环境而定，其中最有效的，在向民众广大宣传，因为打游击须民众大家站起来，各自为战，才有力量。

自"九·一八"以来，我对青年朋友常喜欢这样说："我们每一个人都要把自己所有力量，人力也好，物力也好，不许有一些儿私藏，不许有一些儿浪费，须完全贡献给我所认为民族和国家最迫切需要的抗战建国工作上边才好。"这几句话，我认为至今还有普遍宣传的必要。

兄弟很惭愧，贡献太少，但总想"抛砖引玉"：诸位，能就自己的见地，加以纠正补充，就自己的可能，订成很好的计划，来按步施行，我这十次演讲，希望会有相当影响。

兄弟就是有一点很大的感慨，在廿四岁时，出了校门，最初踏进社会，那时候各国正在倡言瓜分中国，我呢，集合了一群同志，奔走各地，大声疾呼，要国人起来挽救，到今足足四十年了，而我还在这里演讲，眼见到家乡沦陷，无数同胞流离痛苦。我中华靠天赋的富厚，人民爱国心的热烈，领袖的英明，友邦的援助，抗战最后胜利，自属于我的，回想四十年来，前因后果，才从极度痛苦中间，得到极大希望，诸位试为兄弟设身处地，作何感想呢！

这五天来，十次演讲，深感诸位厚意，我起初不敢希望这圆满的结果，我因为知道一次两次要人家来听还容易，长期的听讲，像诸位负有重要职务的长期来听讲，实在不容易办到的，尤其是远道而来的朋友，更不是容易，昨夜大风雨，兄弟坐着朋友的人力车，诸位都冒着风雨步行而来，今天还照常热烈的来听，这种种，兄弟何等感奋！今后更应该何等努力。诸位！多谢！多谢！

（原载《中华复兴十讲》一九四三年）

14 坚定地和是是非非的 群众站在一起①

邹秉文先生适才所讲林肯和巴斯德两人成名的故事,不错,天下事绝对不是侥幸所能获致成功的。我以为我个人首先对社会要有一个正确的看法,其次提出一种合理的做法。先说我个人对社会的看法。

人类初生,并没有什么分别的,后来逐渐造成了不平。讲知识吧,有高低之分;讲财力吧,有穷富之分;讲地位吧,自然而然地产生出一种特殊的人来,所有权力也就随着集中在他们身上;再如年龄,老一些的,就可倚老卖老,占人便宜。造成种种不平的畸形现象,依我说来,这些都是不应该的。

天生我人,既然都是平等的,为什么会造成这种畸形不平的现象呢?就为人类有一种向上的心理在作祟,求地位的向上,发展成为特殊的权力;求财富的向上,演成贫富悬殊;求教育机会的向上,便形成少数的特出人才,丢下大多数老百姓,做了一世的文盲。

人心向上,本来也未可厚非。可是利用了较高的知识,用巧妙的手段,一面掠夺财富,一面攫取高位,到权势造成的时候,早和群众完

---

① 这是黄炎培一九四八年三月二十一日在中华工商专科学校的讲演。

全脱离了，只觉得我有权可以支配你们一切的一切，你们所有的钱、所有的生命，都是我留给你们的，生杀予取的大权，都在我手里。

抗战以来，我在后方奔走，看到很多大洋房。这些大洋房是谁的呢？中国西部打了二十几年的内战，产生了很多大军人。这些大洋房，就是代表他们的财富。他们的财富，从那里来的？有两种方法：第一种是从每个士兵身上扣一点粮饷，积少成多；第二种就是吃空额，将士兵的数目，以少报多。大军人做了大富豪，就可以做政治大首领，就可以做大实业家、大金融家。

这种风气，慢慢地扩展到文官群中，就造成了不少贪官污吏，连带到素以清高自命的教育界，也不免有多少沾染。我为参政员，负责揭发贪污，时常有人来向我告发。某次，一群学生来告发校长吃他们的公费额，几位教师也来报告他们校长将教师人数以少报多。我就在参政会上据实提出，明知这位校长有特殊势力，我并且认识他的，没有办法，当众说明。我爱朋友，我更爱国家，可是到底没有得到什么结果。这一类事情多得很。

一般人只要权力在手，就会与群众脱节。什么道理呢？中间有一件东西在作祟，物理学上有一个名词，叫"浮力"，社会也有一种无形的浮力，好像在从中作祟的样子。做工厂经理的，浮了起来，便和工人脱节；做商店老板的，浮了起来，便和店员脱节；就讲学校，诸位看到一种学店么，学店的老板，早浮了起来，和一般学生脱节了，不但脱节，且成为敌对了。诸位同学：你们以后跑进社会里，千万要注意打破这种浮力，不要把一般地位、富力、知识不如你们的人，都变做你们的敌人。

我们学校对这一点，是看得很清楚的，所以学校当局与学生打成一片，想用同甘共苦的精神，来克服一切问题。即如经济，也是这样。

做到一个机关的首长，要不和群众脱节，首须认识清楚群众的意思，大体上倒是不会错的。但有时情感冲动，可能做出过火的事情。

做首长的要胸襟广阔，气量宏大，能接受群众的意思；站在群众中间的，也要了解当局的立场。各位同学毕业之后，请记住这几句话。

我有一位老师蔡子民先生，民国初年任教育部长，后来任北京大学校长。他的气量非常宏大，因此，影响整个国运的五四运动，才能在北大经过了萌芽滋长，终于产生出来。

在五四运动之前，陈独秀是北大文学院长，发行一种"新青年"刊物，一般舆论，都认为要不得。当时还有一种文学改造运动，也在北大酝酿出来，那就是胡适所提倡的白话文。可是想不到在北大里还有两位主张旧文学的老古董存在，一个是译小说的林琴南，一个是中西文都好而挂辫子的辜鸿铭。诸位试想，一方面是陈、胡，一方面是林、辜，都在蔡先生大度包容的领导之下。陈、胡一派的人，质问他为何还用这些老古董；林、辜一派质问他怎么还要这种无父无君、玩弄"他的你吗"的人。我们这位蔡先生，倒一笑置之。我深深了解他有两点理由：有话大家说，一切看群众的倾向怎样，才是民主，这是教育的原则，也就是政治的原则；还有一种理由，当时无法明白表示的，因为那时的北大，尚在北方军阀统治之下，如去掉林、辜，尽用一班新人物，固可取快于一时，但学校成问题了。他这样兼容并包，使人觉得他还没有走到极端，北大才得以在这样艰苦危难的情形下支撑过来。蔡先生去世快到十年了，他老先生对于教育、文化、学术思想上贡献了多少，终会使人明了的。这件事对我的影响太深了，群众总是倾向新文学的，蔡子民先生一生贡献的伟大，到底为群众所了解的。

在学校里，诸位同学是群众，我们要和你们站在一条线上同甘共苦，互尊互谅，绝对不为"浮力"掀动。怎样才能站在一条线上，互尊互谅呢？孟子说得好，"是非之心，人皆有之"。是非之心，就是良心，既然人人皆有，那么我以为是，你也应该以为是，只要诉之良心就行了。最要不得的，是明知做不得，为了某种好处，有的受不住威胁，有的当不了利诱，终于做出来了，事实上却违背了自己良心。这种人虽躲在群众中间,不久也会给群众打倒的。因为群众是有是非之心,是则是,非则非的缘故。所以我们要切切实实地服从良心命令,它认为对的,一定要做;认为不对的,一定不做。

总之浮力是可怕的。我们要不被它掀动,坚定地和是是非非的群众站在一起。

（原载《国讯》第 456 期,一九四八年）

15 生活需求自由与职业介绍
——序职业介绍之理论与实施

（一）

人群进化到今日，每一个人须尽彼所有力量，依适当的有定的方式，贡献给群或群的某一部分，使构成整个的力量，用以保障全群。而每一个人亦须向接受彼贡献者取得生活之所需求的权利；同时亦即负有协助每一个人，使获得生活权力的义务。而整个的群，尤应担负着使人人获得此权利的义务。

前者说明了职业的意义。后者说明了职业指导和介绍的意义。前者意在使有力者出力，后者意在使无业者有业。

（二）

一百二十年前，英国学者边沁倡为最大多数最大幸福主义。当时读彼学说，只觉与中国先哲遗教有异。"一夫不获时予之辜"中国古代政治家的抱负，不容有一夫不得其所。彼所欲解决者，是每一个人生活问题。不以大多数人为对象，而以每个人为对象。彼此比较，未免感到心量广狭的不同。最近却发现新的变化。一百五十年来，工业革命造成了经济上之不平等。苟不以每一个人为对象，而欲满足其生活需求者，亦未尝不可对资本主义歌颂它的功德。乃者人类知识水准日趋接近，从而要求生活水准的接近知识日渐高；要求日渐烈。加以资本主义高度发展之结果，促成世界大战。当第一次大战结束，欧洲失业者六百万人。美国失业者一千五百万人。四万退伍失业军人奔向华盛顿要求救济，富兰克林·罗斯福的新政，乃应运而生。彼一生伟大的成功，建筑于彼所倡导四大基本自由之上。此四大基本自由：第一第二言论信仰自由，早成定论。第四免于戒备的自由，乃在解除世界武装。独第三生活需求的自由，给予"一夫不获时予之辜"相合。惟彼认为本人应享的权利，而中国古训认为他人对彼应尽的义务是了。自经过第二次大战，基本人权说经济平等说皆将大偈。这是世界的新趋势，亦是人类间的新进步。

（三）

欲解决每一个人生活需求问题，与其事后从事救济，不如求之于事前。事前解决须从三方面努力：（一）生活能力的加强。（二）物质供给的增多。（三）生活供求的配合。而皆须责之于政府。从前救济工作委之于社会慈善家。今则国家制定救济法，特设机关主管其事矣。职业教育可以使生活能力加强，亦可以使物质供给增多，政府既定为主要教育政策之一，而学说的变迁，事实的逼迫，所以配合生活供求者，政府亦岂能卸责？（职业介绍法国民政府已于民国三十四年八月公布，但未经明令施行）

从源头上解决生活问题，是为职业教育。而欲从生活实际上解决是为职业指导与介绍。包含教育意义较多者，是为职业指导；而包含政治意义较多者，是为职业介绍。

（四）

中华职业教育社民国六年成立。至十年间开始试办职业指导与介绍。二十五年来未曾中断。喻兆明先生从事职业教育有年，嗣留美专攻职业教育，卒业后，服务于奥砵仑职业介绍局。既归，仍就中华职业教育社服务，于今又十五年矣。自社会部成立，兼任部职。喻先生以其最丰富最精确之研究与经验，写此职业介绍之理论与实施一书，而仍不断研究与实验，希望先生三年或五年就此书不断增订。世界愈重，生活需求自由将愈重职业介绍。美国爱莲（C. R. Allen）博士终身从事职业教育，先生既师事之，其将亦步亦趋之矣。

（原载《国讯》旬刊第 393 期，一九四五年）

16 中华职业学校成立三十周年告毕业和肄业诸同学

　　吾校过去三十年中间，经历了不少艰苦。成立初期，能鼓起青年的兴趣，取得家长的信仰，而偏未能获教育界同志的认识，讥笑百出。其后了解者渐多；自职业教育订入学制，从此人无间言。历任校长及诸教师，皆能以一片真诚，运用职业教育原理和方法，直接受学生的悦服，间接受社会的重视；乃至同人中担任学校事务者，亦皆竭尽知能，一丝不苟。本校以少许私人之力，仅仅恃苦干精神，博取同情与赞助。乃于饱经忧患之余，终能战胜恶劣环境，奠定根基，绵延生命，至于今日，夫岂偶然！诸同学乎，应知生存必凭自力，公道自在人心，此中绝无疑义。本校过去所遭遇之忧患，或受政局影响，或随国难发生。我与诸师长、诸同学皆身亲其境。成事不说，今愿与诸同学略说未来。

　　世界在演变，人类社会在进化，此三十年间变化尤为剧烈。吾人平日所视察，所主张，有因此变化而获得更坚确之证明者，亦有认为不够，须补充、须修正者。今提出下列五点，愿贡献于诸同学。无论在修学，在服务，吾认为绝对不可忽视。

　　其一，人格必须完整。人格修养之重要为三十年后吾人对诸同学所不惮烦言者。经过最近极度严厉的考验，其考验方法，或威胁，或利诱，立足不稳，遂为舆论所不容，为国法所不许。如汉奸案，贪污案，为此一二名词，不知牺牲多少人才，伤害多少生命；一受嫌疑，便将影响人格。原来人无不爱惜其人格者；但在现今时候，欲全人格，行动必须非常谨严，操守必须非常竣洁。并非备责苛求，当前事实告诉吾人亦已明明白白。人格一经毁损，其人见弃于群众，那有功名事业可言？诸生慎之：自己尊重人格，同时还须尊重他人人格；互相尊重，实为人与人间最理想的境地。

其二，律己严，待人厚。忆吾曾写箴言一幅赠给本校诸生："思想要深切，治事要精严，用物要节约，律己要整饬，但待人要宽厚。"凡事成功的必要条件，在得人的同情与助力；而人之待我，一视我之待人如何，绝无假借与侥幸之余地。最近风气所趋，人与人间大都相尚权诈。一时或能取胜于人，而人必加深其权诈以对我，而我仍败。其有本性宽厚者，则又粗疏颟顸甚或放浪轻率，处事亦无成功希望。经过长期变乱，愈觉此箴言之价值。顾诸同学三思之；思之而以为然，须力行之。

其三，努力进修。全国不少办职业学校者，不少受职业教育者；但真认识职业教育者，尚不多。我不得不于本校成立既达三十年后，再来说明一番。男女青年如志入文理、政法、医科大学者，自以入普通性中学或文理分科中学为宜；如志入农、工、商科大学，或无志或无力入大学，则接在小学之上最适宜者，惟有农、工、商科职业学校。设有甲生读完中学六年、大学四年一贯的农、工、商科，乙生在普通中学六年之后，仅读大学四年农、工、商科，两相比较，乙生之专科学力与其应用能力，其不及甲生，可以断言。此其一。如果无志或无力入大学，只有入职业中学，学得一技之长，方有出路。如误入普通性中学，毕业以后，既不升大学，又不能就业，青年遭受此等痛苦者，不知凡几。本校即为援救此等青年而设。此其二。或因初时无志或无力读大学而入职业中学，及其毕业，重欲进修，将奈之何？此实易易。职业学校毕业,稍加补习升读大学者亦甚多。吾家子弟循此途径完成学业者不少其人。我本有学习一贯互进法之主张——文载《抗战以来》。前年国立交通大学工科教授语人,凡从职校工科升入者成绩特佳,足为前文乙生不及甲生之铁证。康庄大道即在眼前。此其三。近年教育部颁有二年毕业之专科学校制度,本社——中华职业教育社循本校诸生的请求,因本校设有工、商科,乃特设中华工、商专科学校以应本校及其他工、商科职校升学之需要。此后更当为职校诸生谋进修种种便利。诸生应知,职校学成就业事功灿烂者,诚已大有其人,然终不及服务数年进受专科教育以其学与习互进之所得助事业之成功为更有力也。希望诸生努力走此康庄大道。

  ……

  其五,注意研究机关管理。吾在对日抗战期间,积成若干资料,写一本书,名《民主化的机关管理》。公私大小任何机关,凡依共同信仰来创立或参加同目的的工作集团,其对事、对人、对物、空间、时间,以及经费的处理、人的修养,一以科学化为骨干,民主化为精神,而先正确其人生观,本末备具,条理明晰。小之从业员,大之企业家,此书皆有重要贡献。其结语:"真理都在眼前,一诚通诸万有。"实欲将社会科学与自然科学合一炉而冶之。诸生修学服务之余,可以读览。

  (原载《中华职业学校三十周年纪念特刊》,一九四八年)

三

职业教育与成才

17 职业教育之礁

职业教育，以教育为方法而以职业为目的者也。施教育者对于职业，应有极端的联络；受教育者对于职业，应有极端的信仰。乃就近来所发见，施教育者渐知联络职业，独受教育者犹不免抱定下方几种心理：

一、欲求职业，须从读书中得来，故吾宁注重读书。

二、既入学校受教育，总须就高等的职业，否则辱没身份。

三、亦尝入职业界实习，事忙则太劳，事简则无聊。总觉实习万不及读书之有味，职业界万不及学校之受用。

此种种心理，括言之，非以职业为贱，即以职业为苦。总之，受职业教育者，非真对于职业抱有最高之信仰而来也。来学时既无就职之诚，学成后更安有乐业之日？此无形之礁石，伏于青年脑海中，欲职业教育推行无阻，得乎？吾今敬告青年：

诸君须知，人生必须服务，求学非以自娱。无论受教育至若何高度总以其所学能应用社会、造福人群为贵。彼不务应用而专读书，无有是处。

诸君须知，职业平等，无高下，无贵贱。苟有益于人群，皆是无上上品。

诸君须知，求学与习事，初非两橛。以实地功夫求学，以科学方法习事，互相印证，其乐无穷。若歧而二之，不惟习事无有是处，即求学亦无有是处。

诸君既知，人不可无业矣。更当知任何职业，必须积小为大，先轻后重。吾敢断言，今之当大任者，即昔日服微末之务而不以为小者也。吾更敢断言，今之不屑服微末之务者，即他日并微末之务而不得者也。

以上诸义，苟或未明，其无庸受职业教育，更无庸为人。

（原载《教育与职业》第四十一期，一九二三年）

18　创刊词

　　世界一切问题的中心，是人类；人类一切问题的中心，是生活。

　　求生活不得，是一大问题；不满足于其生活，亦是一大问题。物质上不满足，而生活穷困，穷困之极，乃至冻饿以死，今既时见之矣。精神上不满足，而生活愁闷，愁闷之极，乃至自杀，今又时闻之矣。

　　天生人，予人以生活之资也，乃受焉而未尽其利；且予人以生活之才也，乃备焉而未尽其长，则生产问题起焉。一部人享优越之生活，致他部人求最低度之生活而不得，则支配问题起焉。

　　人与人相处而有社会问题焉，究之，则人与人间之生活问题而已矣；国与国相处而有国际问题焉，究之，则国与国间之生活问题而已矣。

　　武人也、政客也、游民也、土匪也、街头之乞丐也、狱中之罪犯也，乃之青楼之红粉、沙场之白骨也，凡人世间公认为可恨而可怜者，无非此问题所构成而已矣。

　　吾鉴夫此问题意味之日益严重，与其范围之日益广大也，欲使有耳，耳此；有目，目此；有口，口此；合力以谋此问题之渐解，作"生活"。

（原载《生活》第一卷第一期，一九二五年）

19 职业教育

职业教育，以广义言之，凡教育皆含职业之意味。盖教育云者，固授人以学识、技能而使之能生存于世界也。若以狭义言，则仅以讲求实用之知能者为限，亦犹实业教育也。惟实业教育，兼含研究学说之意味。而职业教育，则专重实用，纯为生活起见。实业教育所养成之人物，其一部分主用思想；而职业教育所养成之人物，则完全主用艺术。盖自欧洲十八世纪工业革命以来，乃有所谓实业教育。至挽近，实业益发达，而生计问题亦日以急迫。于是复有所谓职业教育，专以职业上之学识、技能教授不能久学之青年；而一方面亦使实业前途进步益无限量。盖一般劳动者之能事，日以精良，则其所成就之功能，亦日以优越焉。此其主要之设施，厥惟补习学校。然至学业已成，而重劳补习，何如谋之于先之为愈。故方今各国，为根本解决计，大抵在中等教育以下，即设种种职业学校；并于普通学校内，分设各种职业科。除力能受高等教育者外，悉予以生活上应有之学识与切要之技能，使出校后便能谋生。于是，青年使用其脑力与日力，一归于经济。其用意益精且周。是故职业教育者，在学说上为后起之名词，在社会上为切要之问题，而在教育上实为最新、最良之制度也。德国研究此问题最早，其发达亦最速。彼其工艺之精进，与一切实业之浡兴，论者谓于职业教育实有深切之关系。美国近以时势之要求与潮流之推荡,盛倡职业教育。若芝加哥、若春田、若甘来诸市,若麻赛怯思(马萨诸塞)、若维斯康辛(威斯康星)、若纽约诸省,皆为著名施行职业教育地。叩其目的,一使学生无力更受高等教育者,受此教育,得相当之职业;一使已就职业者,受此教育,助其业务之改良与进步。回念吾国,由后之说,或未暇计及,而满地青年学成无用;由前之说,相需可谓殷矣。且美人某君尝为余言,苟中国职业教育与工业同时进行,则可以超过欧美生计恐慌之一阶级。余固不欲置实业专门教育为后图,要不能不认职业教育为方今急务。……

（原载《新大陆之教育》,上海商务印书馆

一九一七年版,第五～七页）

20 职业教育实施之希望

以东方教育辞典向所未载之职业教育一名词，今亦既嚣嚣于口，洋洋于耳矣。美葛来和博士语余："职业教育之注重，非凭学说，乃社会要求，使不得不出此。"诚哉，是言！以因果律推之，吾敢知今后中国数年之间，民生尚不已其穷蹙，变故尚不已其纠纷。教育非不逐渐扩张，而其无补于社会、国家最困难之生计问题，将日益显明，其显明之区域将日益推广；而社会、国家一切现象所以表示其对于改革教育之要求，将日益迫切，其迫切之程度，将日益增加。因而使教育讲演者不得不大发挥职业教育，著作者不得不大揭橥职业教育，可断言也。虽然，说食其能饱耶？何可眩于言论而盲于实行也。

将欲实施职业教育乎？第一，须确立职业教育之制度。若德、若日，判划职业教育于普通教育之外；若英、若美，参加职业教育于普通教育之中。盖前者列职业教育于旁系，而后者列之正系。何去何从，此可研究者也。凡欲解决制度问题，不宜沾沾于各国制度利害得失之比较，必一以吾国历史与现状为根据而研究之。吾国现制，甲、乙种实业学校含有职业意味者也，中小学则为纯粹的普通教育。依统计，全国中学四百有三所，而甲种实业学校仅九十有四；高等小学七千三百一十五所，而乙种实业学校仅二百三十。就余所闻，中学毕业力能升学者，或不及十分之一；高小学毕业力能升学者，或不及二十分之一。升学者数若是其少，谋生者数若是其多，乃为学生升学地之中学、高等小学数若是其多，为学生谋生地之实业学校数若是其少，供求不相剂如此。今一时欲仿德、日，于中学、高等小学外广设种种包含职业性质之学校，俾适合乎十分之一、二十分之一中学、高等小学毕业生升学者与谋生者之比，不惟财力将有所不胜，即进行亦无乃过骤。若采英、美制，于高等小学、中学各酌设职业科，其设置本偏于郡邑市乡，则因地制宜，尤为利便。其有特别状况者，仍酌设职业学校。孰得孰失，孰难孰易，必有能辨者。今岁全国教育会联合会议决中学自第三年起，就地方情形酌授各职业教科。此制度余所深赞同者也。

第二，须审择职业之种类与其性质。吾尝谓职业有其至普通者，有其至特别者。男子木工、金工也，普通商业也；女子缝纫、烹饪与夫家事也：皆不离乎衣食住者，近是所谓普通者也。黄河之鲤，松江之鲈，新会之橙，青州之柿，以及太湖区域宜蚕，东南沿海宜棉，察各地特别之产物，因而制造之；特别之需要，因而供给之：所谓至特别者也。德国一职业学校，分科至三百余种。美国黑人实业学校，凡房屋以及房屋附属物与一切家具，马车以及车之附属物、马之豢养，各种食物之制造与夫牲畜之豢养及屠宰，无一非出学生手。分科愈细则愈切，致力愈专则愈精。美瑟娄博士有言："苟予我六十万金办中国职业教育，我必以二十万金充调查费。"虽然，方今在中国办职业教育，其困难之点尚不在此。盖社会积习重士而轻农、工、商，贵劳心而贱劳力，千百年养成之，非一朝一夕所能返。流毒至极，人人以安坐享食为荣；非甚贫苦，不肯施其一手足之烈。以故农之子恒为农，工之子恒为工。而毕业于农、工、商学校者，乃至舍而求为官；不得，则求为师，以自慰。往往有学生父兄，其境遇已不能不使子弟自食己力，乃其希望犹欲使子弟坐享虚荣。处此社会而欲提倡职业教育，诚戛戛乎其大难！不得已，惟有一方从贫民教育下手，成效渐见，使人人知向所卑视之者，可以得食；而对于中流社会，先酌授以向所不甚鄙夷之种类，成效渐见，使其对于职业教育，津津有味，渐近而授以其他。又一方，极意提倡职业神圣之学说，发挥职业平等之精神，务先于普通教育植其基础，庶几有效乎！吾今希望于各方面，本此意旨，就其所处之地位、所具之能力，而谋所以实施之。

其一，议会。今国会方审议宪法之不遑，省会方竞争选举之不暇，以此责望，无乃隔阂。虽然，议会诸公元日不以利国福民号于人，吾何敢不以利国福民之事责望之？苟从根本上解决所谓最大多数之最大幸福问题，尚有过于提倡职业教育者乎？英国职业教育之发达，在苏格兰，自一九〇九年议会通过允以公款组织职业指导局案始；在英伦，自一九一〇年议会通过选择职业教育案始。若美国国会，最近更通过职业教育大扩张案，以国家费提倡职业教育。自一九一六年起，九年之间逐年补助，自一百五十万元递增至七百余万元。以彼国民富力之充，其提倡犹若是其汲汲，我国当复何如？或曰：如国家无此财力何？则应之曰：子亦知一九〇五年美国麻省省长集多数专门学家、职业家组织职业教育委员会，其调查讨论之结果何如乎？其宣言曰："为此职业教育无论需费多少，如不举办，其损失必更巨。"今吾所望于议会者，不敢奢也。但须仿苏格兰办法，许地方公款酌量补助职业教育。苟更从国库岁出七万万元中，以十万元提倡奖励之，闻风者奋起矣。

其二，政府。上所谓确立职业教育制度，此政府事也。今教育部即鉴于各省、区社会状况之不齐，教育程度之不一，不欲遽以命令颁布职业教育制度而强迫行之，亦当申告国人以兹事重要，畅发其前途利害之关系，明示以各国潮流之趋向，唤起其注意，因而宽其束缚，许其试行。否则各地中学、高等小学虽欲分设职业科，而沮之者尚得以违反规程责之；欲求特许于中央，惧以无据而见斥。且即所谓职业学校者，亦未尝见之规程也。论吾国今日教育行政，拘束虽不当过严，提倡要何可弗力；诚不宜范诸一式，讵可不示以方针？而在地方行政机关，尤宜审其土宜与物产，考其供给与要求，确定一具体的适于该省之职业教育政策。如中学毕业生，江苏经实地之调查，去年升学者得百分之二十三，今年得百分之三十九，此外大都无业，或有业而非正当。各省据教育联合会代表报告，升学者或仅及十之一，或不及十之一。若夫高等小学毕业生，江苏今岁得四千九百八十三人，而收容于各中学校者计不及四之一。凡此皆有以善处之，非行政者之责而谁之责也！

其三，学校。首欲为教育当局告者，曰：凡校长与教员之责任，决非仅教学生至毕业为止，而毕业出校以后可置弗问者。今青年毕业于学校、失业于社会者，比比皆是。苟长此不已，教育愈发达，失业者愈多，满地皆高等游民，成何世界！此其责任不得不由教育当局负之。盖所学非其所用，所供非其所求，其又奚咎？曷以救之？其在中小学校，当局者须知，百十学生，力能升学者占至少数。苟谋大多数学生之便利，惟有采用下列方法：依学生志愿，就地方情形，酌授各职业教科，一也；设各种职业补习科，二也；于普通教科，务选授日常生活所必须者，于平时训练，务养成社会服务所需要者，三也。其在职业学校与含有职业性质之学校，尤必于平时一切设施，使学校与社会沟通，乃可望教育与职业接近；于功课切不可重理论而轻实习；于训练万不可长惰性而废服劳。否则，其结果仅存职业学校之虚名，按其实际，学校自学校，职业自职业耳。

其四，学生。今之学生有通病焉：志大言大，不屑事家人生产。其下焉者，仅以博得一纸文凭为荣；其上焉者，亦惟升学是求，虚名是务。而凡父兄培植之财力、自己生活之能力足与不足，举非所知。迨夫阅世日深，谋生日迫，始悔所学之莫可以为用，嗟无及矣！夫立宪之国，莫贵乎公民；而公民资格，以独立为必要条件。孔子曰："己欲立而立人。"未有不能自谋其生而可与谋国家生存、世界幸福者。故立志愈大者,立身宜愈稳。受职业教育,所以谋立身之稳,以为服务社会、戮力国家地步者也。美利坚青年最尊重职业;美之治菲律宾,其所定制度,不论何人皆须受实业教育。吾青年其熟思而善自处旃。而凡骄养之风,游惰之习,浮夸之气,足为职业累者,必尽划除之。猛下一番自克功夫,一生受用,正复不尽。青年受社会诟多矣,愿比往者一洒之。

其五,职业界。今职业界亦感人才之难矣。求事者纷纷,合格者绝少。所谓不合格有二:国文不能应用于写信,算术不能应用于记账,则普通知识与其技能之缺乏也;青年之志气日高,欲望日增,不适于指挥,而反艰于待遇,则职业道德之缺乏与夫气习之不良也。今若扩张职业教育而改良之,且并普通教育而改良之,此后予取予求,习商者投之商,习工者投之工,其学识足适于新事业,其道德无间于旧社会,所以助成职业之改良与进步,俾得与列国竞争,而不至为天演淘汰,岂不甚善?而苟欲达此目的,其将何道之适?美国职业学校之组织,有所谓顾问委员会者。如为农也,其委员为农夫,为牛乳制造家,为房屋保管员。如为工、商也,为商店职员,为制造家,为机械师,为房屋保管员,为匠人。委员会之职权,会同办学者与学校教师,商榷劝导,督察指示,而不负执行之责。盖学校不与社会联络,微特职业学校必无良好之成绩,即普通学校,安望其教授、其训练一一适用于实际?故此责不惟教育界负之,当与职业界共负之耳。

夫吾人之所以大声疾呼,切望职业教育之实施者,岂多事哉?今之教育,不能解决社会、国家最困难之生计问题。有心人阴忧有年者,至是而情见势绌,为可危也。抑岂惟不能解决而已,且将重予关于解决生计问题之莫大障碍,为重可危也。苟吾人而不自谋解决,将有代我解决者,至此遂永无复有自谋解决之余地,为更可危也。往岁有友旅行南满,车次,晤某国人所设学校之中国教员与学生,津津乐道某国人待遇华学生之优厚,其一免费,其二毕业以后不予以官,而必为之谋一业。此何事也? 有某国者,既于上海立医工学校,分设各级,包含专门教育与职业教育,复将耗巨金立伟大之工业学校于汉口。此又何事也? 夫以人之所最迫切之生活问题,乃丐他人为之借箸,数年而后,德泽旁敷,讴歌四起,飘摇之国运,遂并几希之人心而去之,尚何及哉,尚何及哉!

（原载《教育杂志》第九卷第一号,一九一七年）

21 职业教育析疑

自职业教育论倡始以来，赞许者实繁有徒，怀疑者亦间所不免。余既偕同志创立职业教育社，于怀疑者义当有以释之，于赞许者亦颇冀其反复研究，必达夫深知确信之程度而后已。凡理愈辨析愈明确，余之致欢迎于怀疑者，较赞许者为尤至也。爰诠次平日答问语如下。

或问："子之倡职业教育，为欲解决社会生计问题故。顾往尝闻实业教育论矣，今乃言职业教育，究竟二者之性质有别乎？抑否乎？请以最正确之解释语我。"

答："实业教育与职业教育，二者皆以解决生计问题为目的，然其范围不同。实业教育之高焉者，高等专门实业亦属之；其下焉，仅为职业之预备者亦属之。故论其长，可谓过于职业教育。英语industrial education 之名词，依其本义，仅限于工业教育。东方译为实业教育，亦仅限于农、工、商三种，而医生、教师等不与焉。职业教育 vocational education，则凡学成后可以直接谋生者皆是。故论其阔，又可认为不及职业教育。"

……

（原载《教育与职业》第二期，一九一七年）

22 职业教育谈①

（一）

或问于余曰："谈职业教育者棼矣，请质言其旨，可乎？"曰："可。职业教育之旨三：为个人谋生之准备，一也；为个人服务社会之准备，二也；为世界、国家增进生产力之准备，三也。"

或曰："是三说者，于古有征乎？"曰："有。言治莫古于《尚书》，禹谟三事，曰正德、曰利用、曰厚生。为个人谋生，厚生之说也；为世界、国家增进生产力，利用之说也；有群而后有道德，服务社会，德莫大焉，职业教育为之准备，非正德而何？"

（二）

自本杂志第一册以幼儿画饭具揭于面，一时议论蜂起。称之者曰："善哉！今后之学子，其得啖饭地矣。"诋之者曰："鄙哉！乃以职业教育为啖饭教育也。"二说背道而驰，果孰非而孰是乎？请得而释之。吾人在世之目的与天赋之责任，其决非仅为个人生活明矣。虽然，苟非个人生活之力而不具，而尚与言精神事业乎？而尚与言社会事业乎？职业教育之效能，非止为个人谋生活，而个人固明明藉以得

① 此文第三节未选入。

生活者。以啖饭教育概职业教育,其说固失之粗浮,高视职业教育,乃至薄啖饭问题而不言,其说亦邻于虚愊。

(四)

某毕业生求事,余函复之。其言或为一般学生谋职业者所宜注意也。

谋事甚难,学生出路问题久悬未解。此固社会事业寂寥,对于学生信用淡薄所致。然行远自迩,升堂有阶,在学生方面亦宜先求其应尽之道。窃谓学生毕业,第一,须依其夙所研究之学科,调查社会上关于该科之现况,谋增进其知能。譬如习师范,应调查教育现况;习师范而注意研究国文,应调查国文教科之现况。第二,须发表其心得与疑问,或以笔或以舌,就正于先辈,亦藉使社会知有某某其人。第三,须随时利用机会,注意社交。若株守家园,与世隔绝,而欲待机会之叩门而至,毋乃大难。此三者中,以前二者为大要。为用人者计,苟未深知其人平日学行如何,能力如何,其不敢贸然界以位置,亦人情也。

(五)

张君士一自美国纽约古仑比亚(哥伦比亚)大学来书云:"私意在美,先就美国最长之处研究,拟十分注意于心理学一门。心理于教育关系极大,美国人之研究,比德国更重实验。此间言职业教育者,渐注意于职业心理学,使儿童得习其性所最近之技术,此亦余所拟加研究者"等语。

研究职业教育,注重于职业心理学,此可谓为世界思潮之新趋向。吾国此时职业教育,诚在萌芽,倘能于下手时,即根据职业心理,为倡导之标准,必且易于收效。已函复张君,请其搜采资料,随时见告。

（六）

各国方大致力于战后教育之研究。质言之，则所谓战后教育者，生产教育而已：如何可使土地增加其收获；如何可使人力增加其效能；制造也，如何使之更精；运输也，如何使之更捷。或谋事后弥补疮痍，或谋乘机发展国力，虽地位不同，要其心光、目光所凝聚之一点，惟"地"与"人"与"物"、生产能力之增进问题而已。夫欲解决"地"与"人"与"物"、生产能力之增进问题，舍职业教育，尚有他道邪？故吾敢断言，欧战终了以后，正职业教育大发展之时期也。

吾国今兹地位，非常困难。战事终了，所受影响如何，殊难逆料。虽然，弱国有弱国之战后教育。以土地如此之大，人口如此之多，苟不亟亟焉自谋所以增进其生产力，他人将有代为谋者。是故，吾国之战后教育，更舍职业教育无所为计。所以图存者在此，所以图强者亦在此。谋教育而有国家思想、有世界眼光者，定不河汉斯言。

（原载《教育与职业》第三～六期，

一九一七～一九一八年）

四

中华职业教育社

中華職業教育社創設比樂中學意旨書

為什麼辦比樂中學？

怎樣辦比樂中學？

中华职业教育社职业学校补习教室

选自《我的八十年》（黄大能著）

选自《我的八十年》(黄大能著)

中華藏業學校商科學生打字練習情形

选自《我的八十年》(黄大能著)

23 我之人生观与吾人从事职业教育之基本理论

（一）

人生几个原则，吾人所时时以之自省者：

一、须得清清白白地有计划的做人；

二、须从远处看，从近处做；

三、我恃群以生，须减少个人一切打算，对群谋尽量的贡献。

（二）

人有知，乃求真。有为，乃求善。有感，乃求美。而其本在求生。孤生不能，生亦寡趣，乃求群。一切有求，皆从此数者而起。虽时有变态发现，语其常不外乎此。仰观日月诸星天体之无极，而悟我身之小。剖观人体包孕之繁且富，而悟我身之大。追思地球有史之远，而悟我身之暂。推究一切事物之原，而悟人类所知之浅。观万物生理构造、生活状态之相类，而悟物我之平等。观万物生命之同源，与空际电流之有感即应，而悟物我之一体。知大宇间整个生命之有在，而悟我生仅占其一部。我死，质则还之大地；灵则归入浑然元气之中。观有生无生一切物之变动不居，与人类求真、求善、求美之不已，而悟世界之日在进化与其进化之由来。观万物在天演界因优胜而生存，因劣败而灭亡之可幸与可悲，而觉悟而认识我人应有之努力。

（三）

天赋我以知，更赋我以爱。有生而爱其身，爱其群，因生生相倚，而爱其家，爱其族，爱其国。知物我之平等与一体，而爱一切物。大哉生也，善哉爱也。而惨变伏其中。万物因生而有求，求之不得而有争，有争而有杀，则物质限之也。有所爱乃有所憎，爱之极，激成憎之极，因之而有杀，爱限之，而实知限之也。重以人事之纠纷，而一切惨变以起。此诚世界大不幸事。虽从另一面观之，此相争相杀，未始不足以促使自觉，自立、自卫。世界进化，或亦资其一助。然岂富有爱他心者之所忍见而忍闻耶！

欲减免世界一切惨变，使万物相安以生，将用何道乎？从客体言，在增进所以供给生活需求者之分量与效用；从本体言，在广其知以大其爱。二者之间，因果存焉，所求既给，则爱他心油然而生。

物我平等，物我一体，我知之矣。苟人人大其爱，使全球十九万万人间，有相爱，无相憎，无相杀；苟恃人类之知与能，大增其物质之供给，便各足所求，无所用争，无所用杀；苟由人类以推物类，使有生与有生间，无所争，无所杀，不亦善乎！生物学者以为不可能也，我求其可能而亦未得也。我为人类之一，退而求人与人间无所争，无所杀，此在达到某一境地时，或不可能，而今未见其为必不可能也。我人且试为之。

（四）

将免除全人类之惨变，惟有凝和全人类为一体。由小康而大同，先哲言之矣。然未具体言其致此之道。我深思之：全世界人类间，既形成若干固有结合，若欲尽散之而重使凝成一体，不可得也。则惟有就我固有结合与他结合间，先从某局部、某事项构成生活上之联系，日扩大之，日加密之，使渐渐构成生活的整个联系。苟扩大、加密之不已，必有全体凝和之一日。此非全恃人为也。在人群不已演变中，此为自然进达之一境界。盖进化至某一阶段，个人或弱小团体已无单独生存之可能，且欲与他结合间构成联系，而自身不先造成强固有力之个体，则亦不可得也。因此全球现时若干固有结合，即若干国家，各自负有对内、对外两重使命如上述。而对内使命之严重，尤为一般国家所确认。

欲求对内造成强固有力之个体，惟有尽量发挥并凝合一国间地力、物力、人力，以构成整个国力，舍此无他道也。所感为不幸者，世界尚不少凭藉此国力，以扩大其相争相杀，凭藉国际之联系，以构成分团的相争相杀，至今日而全世界尚留滞在不断地相争相杀之惨酷过程中。

自人类日求真知，促成科学之发达，因而生人、杀人皆激增其分量与速度。人类方惴惴焉日求所以自存，或汹汹焉欲藉此灭亡人国以自扩大。汹汹与惴惴之极，所有旧制度、旧习惯，苟认为不适，不惜彻底推翻之，以觅取新途径。至二十世纪之初，此心理遂赫然表现于社会经济组织上与国家政治组织上。

世界之有国家，基于生活环境上种种要求与其演变。然其先天条件，凡以为民而已矣。故政治制度，有正轨焉。在民治、民有、民享三要义下，为适当之设定。对名实不合者，只有去伪以求真。其或废弃一切，采用独裁，此乃迫于某种特殊环境，求一时应付之便利而然。在政治史上只有认为某方面某时期的变态组织，而置之例外，且预料作用终了，自将步上正轨，而决不以此为永久经邦大法也。至于社会经济制度，亦惟有在社会与国家整个利益下，维护个人正当利益。其有凭藉特殊地位，谋独占或多占，形成不公平，皆所不取也。政治经种种演变，而提出民主制度；经济经种种演变，而提出社会主义，皆惟吾人信念所在。就国家立场言,无论政治或经济,其原则总在尊重维护民众的权与利而集中并增厚一切力量,献之国家,以完成其对内造成强固有力个体之使命。

如何尽量维护民众的权与利?最有效方法,莫如用启发方式,使人人明了其自身在应尽义务以外,应享权与利之质量与限度,而努力取求,而珍重行使。如何集中并增厚一切力量以献之国家?最有效方法,莫如浚发人人智力,运用科学,以开拓地力与物力。其扼要在从人人日常工作,即以其劳心或劳力换取生活所需求之定型动作上,用启发方式,使人人增益其智能,即知而即行之;并深明其意义,使知人生长日劳心劳力,不专为个人生活计,而在恪尽其直接对群、间接对国的神圣义务。于是地力物力,因从事开拓者知能之正确与纯熟而增厚,因人人对于靖献国家大义之普遍的明了而集中,而国家整个力量,因以强固。其间更将有二大贡献:人人对于其日常劳作,既确认为对群神圣义务,因善意之相感,亦使人人对劳作者进而敬厚有加,相争相杀之风渐化为相亲相爱,当不失为减少人类惨变之一种作用,一也。因其智能增益,重在即知即行,使思想与动作联系,悉其聪明才力,运用于日常工作,因求效率之增加,日从事于工作之改进,促成事物之新发明,从此有裨于文化之发展,藉以补吾国二千年来发明阙乏、文化落后之遗憾,二也。

基于如上之认识,乃各求所以致力之道。其道多端,而就吾人思之,所谓用启发方式,使人人明了其自身应尽之义务与应享权与利之质量与限度,而努力取求,而珍重行使,教育是也。所谓人人以其劳心或劳力换取生活需求之定型动作,职业是也。而用启发方式,使人人增益其智能,即知而即行之,并深明其意义,则职业教育是也。

教育、职业教育,经纬万端。而其对于国家主要贡献,不外乎此。一国家之建立,经纬万端。而其所以培养实力之基本条件,不外乎此。

吾人有所见及,立试为之。虽局一隅,必倾全力。小试而成,因以大行,则自我自人,初无所择。盖知而即行,成而不居,以之勉人,亦所以自勉也。至求工作效能之增进,则集合同志,组织必须健全,纪律必须严明,生活必须整饬,劳苦皆所弗辞,盖壹为信念所驱使而然也。

(五)

同人根据上述人生原则以及整个世界观念、人生观念,凭其彻上彻下的认识,辄敢慷慨负荷重大而艰巨如上之使命,以为对国家切要贡献,亦即对世界全人类初步之切要贡献。从事以来,亦有年矣。敬布腹心,以乞知我者之明教。

职业教育目的(民国六年中华职业教育社成立之年公订):

一、谋个性之发展;

二、为个人谋生之准备;

三、为个人服务社会之准备;

四、为国家及世界增进生产力之准备。

二十七年十二月二十日重庆南温泉

(原载《抗战以来》国讯书店一九四六年版
第四十一～四十八页)

24 一封公开的信

写给中华职业教育社诸同志同事同学，介绍《我之人生观与吾人从事职业教育的基本理论》文。

对暴日抗战到一年半以上，我全国民众不惜任何牺牲，和顽敌决斗，绝不肯屈服，究竟为的是甚么？我诸同志、诸同事以及毕业诸同学，在此抗战期间，无论在前方，在后方，在某种地位，任某种工作，没一个不是舍命努力，求尽他一个职员应尽的本职，和一个国民应尽的天职，究竟为的是甚么？在校诸同学，或在流亡颠沛之后，或在孤岛苦闷之中，用最大之努力，发愤修学，年长者准备短期参加工作，年幼者准备他日尽他第二代国民天职，究竟为的是甚么？即我个人，从"九·一八"以来，抛掉闭户读书生活，从"一·二八"以至"八·一三"，从未放弃抗敌后方任务，淞沪抗战三月，奔走京沪间九次，自后，徐州、济南、武汉、长沙、沅陵、桂林、柳州、梧州、广州、香港、贵阳、成都、重庆、或一二次，或三四五次，在此一年半中间，从不敢一日偷安，究竟为的是甚么？岂但这些，就是整个的人生，忙忙碌碌，为的是甚么？

为欲答复这问题，平时一点一滴地积在心头，从没有制成整个的答案，今日我中华民族逼迫到存亡生死关头，同人正在用最大的努力尽最后的责任，此时再不提出，更待何时？因此，一个人走向重庆南温泉地方，在山重溪复中间静悄悄地关了一天的门，写一篇文章——《我之人生观与吾人从事职业教育之基本理论》载入《国讯》第一九三期，公开地请求赐教，并且对我平时所爱重的同志、同事、同学诸君，还愿亲亲切切地补充几句话：

第一，吾人既深信世界万事万物，因天然的演变与人类的要求，而日日在前进的途程中，我不求生存则已，否则思想与行为不可不随时随地自己把自己痛加鞭策，方法怎样呢？其一，求友。深切注意别人的言行，拿来和我的言行比较，立刻发现彼我间长处和短处出来。其二，读书，苟为我所不及见不能见的人，他的思想行为，既成文地写在那里，而恰给我以正面的对照或旁面的参考的良好资料的，我必尽量吸取。求学时须读书，办事时尤须读书。其三，我的行动，事前必须经严密的考虑和计划，事后必须虚心检讨，而尤有效乃在集合同志，为相互的检讨，尤其希望我诸同事同学，利用集团生活，多方求益。如果不断地用力，有生一日，前进一日，眼前既不致辜负这空前大时代，即未来世界，任何演变，因思想之不断前进，亦且从容应付而有余。

第二，人类进化到今日，最要一点在发现了"群"的伟大价值。就把抗战来说，从前战争，是少数人的私斗。此番确是民族的战争，敌人所资以为号召，虽并非彼方全民族自发的要求，而确已集合了他们全民族的力量，且其目的确在企图灭亡我方全民族的生命。那么我方不集合全民族的力量来抵抗，如何能生存呢？即以平时论，自从社会组织扩大且加密，个人生活力量一天减少一天，"群"的力量就一天加大一天。吾国进化，落各国后，无可讳言。中山先生积四十年经验，提出"唤起民众"一语，载在遗嘱，确是扼要之语。任何事物，总须看他贡献于民众方面的有和无、大和小，而定它的价值，就为是世界在整个演变之下，个人的生命，系于民族的生命，而求民族的生存，必须唤全民众起来，自力奋斗。民众起来以后，便发生他们的新要求。

耳聪了，什么都要听一下。目明了，什么都要看一下。政治生活当然要参与的，经济生活早构成整个组织了。乃至哲学、文学、美艺，一切一切都须大众化。即论个人品性和行为，所有从前"孤高"、"狷介"、"逸民"、"独行"凡这一类名词，到如今只有"束之高阁"，最合理的人生，就是将身投入群众中间，和他们共同生活，凡人能和群众凝和，有力量提挈群众，文章能使群众了解，事业能给群众福利，这才是有价值的贡献。这是世界大放光明的初步，如果一天一天扩大起来，大众相互地携着手走上共同生活的途程，这才是全人类的福音。

第三，"平时作临时用，临时作平时用。"这两句话不错的，抗战是临时的，建国是平时的。一面抗战，一面建国，倒是真理。并非故作壮语来歆动国人。惟有在抗战中间才容易完成建国的使命。吾人服务，遭遇空前的艰危和困苦，不但须看做个人献身卖力报群报国的时机，且须认清这就是一生事业鞭策成功的好机会，在这个时候，须插身进去，须担当下来。如果存心以为这时候我无从效力，暂且向旁边退隐一下，到事平后，我算一个是了。这是大错特错。须知恶浪孤舟，到同归于尽时，任何人无生存余地，如果抗战成功，又是一番新世界，必更有新的艰危，新的困苦，百练之身，或尚有需于继续的折磨，那里还容工于趋避之人来插足呢？认清临时即是平时，平时亦是临时，责任当前，如认为没有什么办不了，应即挺身而出。这不是个人建功立名，却是服务，此等处要受人生观与做人基本理论的支配了。

第四，上文不是说过吾国文化落后么？中华民族的优秀，和古代文化开发的早，都经世界公认的，而何以有此现象呢？最大原因，就是一千二百年来科举的毒刃，把士大夫言论和行为两下劈开；说话是一件事，做人又是一件事，造成了不以为奇，不以为耻的恶习惯。而其根本原因，尤在把学问和事功劈开。造成知是一件事，行又是一件事。我承认职业教育的贡献较大一点，就是教人所学即是所做，凭他的聪明，从修学得来的知识，应用于日常工作，积成丰富的经验，促进了工作的改进,改进的结晶,物的方面,获得制造上的新发明,事的方面,获得方法上的新发明,此时尚没有觉察,积若干年后,必有显著的收获。此点在吾文中略已提及,我所更欲为诸同志、同事、同学告者,吾人须下一大决心,除非想不到,想到必做到,除非不懂得,懂得必行得。知是头脑的事,行是手足的事。如果头脑发令而手足不奉行,必是病夫。知是统帅的事,行是士兵的事,如果统帅发令而士兵不服从,还成军队么? 三十年来,新思潮输入国家,知识阶级思想大进。自清末迄今,积无数变故,给我们无数经验,国家的要求是什么呢?民生的要求是什么呢? 大都懂得,而实现的究有多少? 即就抗战而论,问你认抗战必要么? 答必要。问抗战必要全民动员么? 答必要。问全民动员有钱出钱,有力出力,必要么? 答必要。问那么你出多少钱呢? 多少力呢? 那就难答了。一般民众知识不如人。发于天然的爱国热诚与抗敌除暴的义愤,慷慨赴死,前仆后继,而发现于知识阶级的,究有多少? 这一点病根不拔去,知的程度越高,范围越广,行的成分越少。直是妨碍国家民族生存的最大敌人,我和诸君须各下一个大决心,来亲身克服他才好。

第五,纪律必须严明,生活必须整饬,这两句须得说明一下。从前一般社会,很少施行严格的训练,非军队而用兵法部勒,往往引以为奇。私人生活,亦以懒散为风流。今后不然,社会集团一天多一天,如果组织不严密,不惟无益于社会,对内对外或且惹起纠纷,而人事日繁,环境日趋错杂,非提倡规律生活,精力日力,皆无从应付。世界万事万物,日在要求规律化,试观大宇,日月星辰的行动,何等庄严! 试观人身,骨肉肌理,有一定的分量和组织,其搏动有一定的速度,又何等精整,这都昭示我们的真理,人们对一切事物都欢迎现代化。须知惟纪律严明,才是集团现代化,惟生活整饬,才是个人现代化。近代大人物,即如列宁,试读他的传记,办公室动作有定时,器物有定位,开会决不迟到一分钟,会议时间不许吸烟,严整到这般地步。

吾当对诸同学讲,吾们认清了环境和时代的要求,虽小小修学集团,要须有金一般的人格和铁一般的纪律。

以上吾文皆略略道及,特为郑重申说,凡吾文所贡献,陈义不尚高深,取材不尚繁博,但求有当于事理物理之真实。私念读书五十余年,所得惟此,服务三十余年,亦只为此,深愿得此如夜行得灯,有明确的方针,如车行得轨,有切当的途径。根据彻上彻下的全盘理论与夫打破生死的基本观念,如此做人,才是心安理得。窃愿以此自勉。途径不必尽同,出发只此一点。他日得闲,更愿分析吾文要义,尽量发挥所见。吾文对象,实未尝以吾社同志、同事、同学为限,凡读吾文者,幸皆有以教之。

二十八年一月

(原载《抗战以来》国讯书店一九四六年五月版)

25 本刊创刊十周年告海内外青年书

亲爱的青年诸君：

著者现在代表国讯社同人掬最诚挚的心意向诸君说几句话。

诸君！本刊的诞生在"九·一八"事变之后，当时青年诸君纷纷来信问同人对于国事意见，我们不愿辜负青年们的热忱，发行本刊，和大家讨论救国问题，报导救国消息。可以说本刊的由来，完全是为青年诸君服务。

本刊专和青年诸君做朋友的。以著者个人来说，数十年奔走国内外各地，每到一处，必和青年诸君讲演、谈话、讨论。与青年接触的时间，实占旅行生活的大部分。就是在社的时候，写文章、发表谈话，也常是以青年为中心。并且劳我同事们一一缮答各地青年的来信，解释疑问。最近我五月去香港，六月、七月去成都，八月、九月、十月再去香港，去菲律宾，为劝募公债稍稍努力。每到一处，除公事外，尽所有机会，向青年们贡献意见。在菲岛时，青年诸君热烈情形，至今在我心目间。我们为什么要和青年诸君做朋友呢？因为我们认定社会是不断演变的，青年是社会将来的继承人，希望社会进步，先希望青年诸君进步。因此，我愿把自己的经验和认识告诉诸君，和诸君做朋友。

诸君！我过去随时和大家讨论研究的，往往限于片断的局部的事像和零星的意见。现在想趁本刊十年纪念，就诸君各个切身问题，如思想、修学、职业、配偶等，作一较有系统的全面的贡献。

我先从思想说起。

说到思想问题，青年诸君，多数不免有所苦闷。苦闷的原因在哪里呢？一般以为这是环境关系，我以为与其说是环境，还不如说由于思想与环境的不调洽。问题不是单方面的，而是双方面的。著者在二十岁左右，也曾有过诸君同样的苦闷。那时，我初进新式学校，脑子里满是救国救民的念头，但和四十年前的社会是不相容的，也不容易实际去作改革运动，因此个人遭遇了不少危险，尝到了不少痛苦的滋味。我曾因谈革命而下狱，只差几小时就要受刑。我曾因创办学校，欠了许多不能公开向人诉说的债，到愁绝闷绝的时候，几乎自杀。但是我自己慢慢反省，凭着父母遗传给我的坚韧不拔的意志，曲曲折折地干去，到底环境渐渐好转，一切便逐渐顺利进行了。（当时我别号韧之，就是这种心理）。

今天，比四十年前，环境大不同了，我们的思想也跟着时代演变了。但是我们的苦闷，还是苦闷，因此我深深觉悟到思想和事实不协调，是人生苦闷的根源。

……

直到现在，我以为思想的发展，不应该限制，也不可能限制。因此我们必须用极大的工夫来确切研究，怎样使思想适应眼前种种事实而使环境逐渐改变得和思想一样。

我常见有两种人：第一种，理想甚高，因为不能实现，便极端忧闷，他的行动或横决，或颓废，结果于社会并无实际补益。还有一种，抱有同样理想，却能用最大的忍耐功夫，坚定不拔的意志，曲折的一步一步达到他的目标。我可以和诸君说，我是赞成后一种人去奋斗。如果总是说苦闷啊！苦闷啊！那只是弱者的心理罢了。

第二说到修学的问题。

关于修学问题，我第一句贡献就是不应单注意学业修养而忽略身心修养。身心健全，是人生一切事业的根本。有许多学者，学识确很好，但因身体不健康或心理不健全，结果能修学而不能处事，能研究事物而不能妥适运用事物，甚至连个人一身都未能料理，不是行为浪漫，便是意志颓唐，对一切环境，自然更不能好好应付。也有因为稍有学问，自高自傲的，也有不知人们的心理而歧视人们的，也有受环境引诱而蒙受不洁的名誉的，也有稍不遂意便愤怒欲狂，忧郁成疾的，种种情形，绝对不是所谓学问能帮忙解决，全因没有注意到身心修养的缘故。

从积极方面说来，我们的修养，除了学问健康以外，还须在其他方面下工夫，这在本社同人，曾经提出过五个信条：（一）高尚纯洁的品格；（二）博爱互助的精神；（三）忠勇侠义的气概；（四）刻苦耐劳的习惯；（五）正确进步的思想。我们深信，如果一个人身心任何一面有缺陷，虽有学问也是徒然，所以本刊同人，一向注意于修养。

但是所谓修养，万万不可忽略眼前事事物物。普通讲学业的，以为学问在书本上，这是大错特错。不知所谓科学，也只是人类生活事项经过许多人的试验而得到合理的原则和有效的方法罢了。书本是过去经验的记载，虽然也很重要，但我们并不只要吸收过去经验就了事，在吸收过去之外，还要把过去经验的积累与眼前事物对照求得适合。

有种人是专门读书的，往往注意过去的经验，而忽略眼前事物。另一种人反是，只看见眼前事物，而没有过去的经验。这二种人，各有长处，也各有短处。但我以为还是第二种人比较可取。因为他至少对于现社会有些贡献，最好是另一种人，就是既能博古，又能通今，不忘过去经验，又着眼于眼前应用。我希望诸君的，便是向这个方向做去。

　　诸君大都在学校修学的,修学是为了进社会实用。诸君在书本上钻研的即都是过去的知识和经验。即使是最接近现代的学科,和实际定有若干距离,适于外国的,未必适于中国,适合于甲地的,未必合于乙地。所以诸君在此时期,必须有一认识,即一方面接受书本上过去的经验,另须着眼于当前事物的研究。

　　还有一点,诸位求学,要习得一种专门知能。这也是重要的,今后社会越进步,分工越细密,非有专门知能无法应付,否则只有失业一途。因此我是主张从高中起,学生应该修习专科,并且要于学习后即实习,实习后再学习,一贯的交互进行,这便是所谓"学习一贯互进法",曾经写成专文发表过。

　　人生有两个圈子,一是成功圈,一是失败圈。青年有相当修养,认真服务,获得社会青眼,再继续努力,愈修养愈得信用,便一步步趋于成功。否则因不修养而缺少信用,愈失服务机会,那就进了失败圈,永远不得出头了。个人是这样,家庭是这样,国家也是这样。都是成功和失败,两个圈子放在面前,听你自择。

　　再讲到职业问题。

　　职业这名词容易为一般所误解,以为只是个人谋生的意思,我们中华职业教育社同志的主张,却不是这样,我们以为职业的意义,在谋个人生计,同时也是社会服务。要不是这样,个人的生活,依然不能圆满解决,社会也得不到他的好处。

　　我们认定职业是为社会服务,这是真理,也是处世妙诀。试看社会各项职业的存在,哪一种单单为了解决人生计问题呢? 一定还是为了供给社会某种需要,得若干报酬来满足他的生活,所以片面的看法,实是不合理的,如果一个从业员能够明了这服务的意义,把工作做得适切社会,取得对方事实上的满意和心理上的同情,定能达到他更大的目的。所以把服务做职业的意义来解释,实是从事职业发展职业的最好方法,所以可称为妙诀。

目前，是抗战时代，职业的意义，更自不同。所谓服务，已不是通常的解释了，必须进一步有牺牲精神。服兵役，牺牲自不必说，即从事一切后方工作的很容易受敌人轰炸，冒大危险，至少，也要受到物质的窘迫。这种种，必须把握住自己坚强的心理，预备牺牲才行。只有像前方将士牺牲生命的决心，才能换得国家民族的生命，只有像后方从业员都有牺牲权利的决心，才能够保持国家的权利。战时每一个从业员都应有这样认识。即使抗战结束，人人有这种精神做平时的工作，建国大业也一定能收极大极快的效果。

诸君，现在一切问题，可以归纳到公私二字上，公而忘私，一切都能解决。抗战时期，我们从事职业，定要处处从公的方面想，即使我现在有称心满意的职业，为了抗战，虽牺牲不惜。譬如国家规定适龄壮丁服兵役，那么无论有黄金般的机会，也只有抛掉了去从征，这才配称一个国民。

还有为个人职业前途打算，谋职业也不应只顾眼前利益，要处处在建国工作的需要上着想。职业的选择，或职业学科的修习，都应着眼于远者，而不应只顾目前的"近利"。这也要告诉诸君的。

再其次，谈谈配偶问题。

青年时代，对这个问题不愿公开的研究，实则不但是未婚青年，就是已婚的，这问题还在注意中。

我先告诉诸君，我是对夫妇一伦的全部过程早已经历过，且已经终结了（内子去世了）。请把我的经验告诉诸君。青年时代，往往意想不到中年人心理的转变，男和女，他们要求于对象的条件，不外是知识丰富，长于交际活动，姿容美丽，或是装饰时髦……到结婚后，情形一步步不同了。儿女满堂，女要求于男，是负责教养子女，筹划经济等。男要求于女，变为生活节俭、协助生产、照料家庭等等，到中年以上，夫妇感情因淡漠变为离弃，这样的很多很多。这又需要贞固的德操。倘在青年时代，早注意到将来事实的要求，定可减免种种后悔,种种痛苦。所以,中年以上的人,应该把他的经验,尽量告诉青年才是。

关于配偶,未婚的选择标准是一件事,既婚的怎样保持爱情,增进爱情,又是一件事。人和人相处初而爱好,久之而平常,又久之而厌弃,这是很不希奇的事。世界上从无一物,一事,一人能使人永远满意的。这也是前面所说要满意只有理想和事实配合才行,理想跑在前边,事实落在后边,不能相伴而演进,当然要成问题,男女间岂能例外。

那末,既婚的怎样才可以使之满意呢?我以为如果对方知识够不上,给他(她)补充知识。经验够不上,给他(她)练习服务。乡居见闻不广,使他(她)多过些都市的生活。并且应该把我自己工作的状况和计划,充分使他(她)了解。如果他(她)的环境和我相同,或者处于同一环境,我的思想在那里演变,他(她)也随着演变,就不会显得参差了。

至于夫妇间精神的感应,也很要紧。我待他(她)好,他(她)一定会待我好。我能原谅他(她),他(她)一定感激我。帮助他(她),他(她)一定也帮助我。再说一句,配偶之间,对方只一个人,还没法处理很好,还能到社会上去处理千百万人的事吗?古人说:"自求多福",我以为夫妇间幸福,也要靠自己求得来的。

诸君!以上种种的话,都是从我过去四十年经验中体会来的。也是本刊同人根据若干共同经验得来的。诸君读了以后,对于问题的任何一点有意见,或另有什么意见,尽可写信来,本刊同人极愿继续讨论。

敬祝
诸君进步!

(原载《国讯》旬刊第 289 期,一九四一年)

26 黄炎培、孟宪承致胡适

　　适之先生左右敬启者:《申报》创办五十余年,惨淡经营,粗具成效,顾其对于全国教育学术上之贡献,迄今未辟专栏,殊为缺憾。同人不揣绵薄,拟创始一种教育周刊,定名为《教育与人生》,旨在介绍学理,纪载要闻,俾供施教者与受教者双方研究参考之资料。夙仰先生学术湛深,著述闳富,谨特函恳台端宠赐鸿文,以光篇幅。至希　俯允,并祈将尊稿于八月内见惠,径寄申报馆为感。专此,祇　颂　撰安

黄炎培
　　　同启[八月十六日]
孟宪承

　　　[原载《胡适往来书信选》(上),中华书局一九七九年出版]

五

黄炎培日记和故事

中华职业学校早操

选自《我的八十年》(黄大能著)

选自《我的八十年》(黄大能著)

选自《我的八十年》(黄大能著)

选自《我的八十年》(黄大能著)

选自《我的八十年》(黄大能著)

中华职业学校木工补习教室

选自《我的八十年》（黄大能著）

选自《我的八十年》（黄大能著）

选自《我的八十年》（黄大能著）

高桥农村改进会学校

27 《黄炎培日记》选辑

1916 年 6 月 4 日[①]

美国波临顿氏著有《人生胜利术之发明》一书，皕诲氏译载《进步杂志》内反省问题若干则。此即昔贤每日三省之遗意也。师其意作青年仅省二十问题。

青年反省二十问题：

——汝曾否立志要做一品学完美身心健全之人。

——汝有极大之爱群心否。

——汝知待人须有诚意，有礼貌，而能实行之否。

——汝能闻善立行之，闻过立改之否。

——汝曾注意考求自己心性上才能上弱点、缺点，而改良之否。

——汝能深知确信世界种种困难，悉能以人力排除之否。

——汝遇有不如意事，能尽汝力之所及，忍耐进取，勿作无谓之悲观否。

——汝知为人应有一定之职业，而能郑重研究，择定汝将来之操业否。

[①] 选自《黄炎培日记》，第 1 卷，第 244 页。华文出版社 2008 年 9 月（以下简称《日记》和卷册、页码）。

——汝现所修之学业，是否足为汝将来职业之预备。

——汝之修业，是否求实际上之获益，而不沾沾于考试等第之高下。

——汝于各学科，是否能完全了解，且能记忆其要旨，而绝不糊涂过去。

——汝于各学科是否能应用于实际。

——汝之做事，曾否注意练习，使养成勤奋敏捷而有秩序。

——汝曾否重视体育，认为自身日常修养之要件，而不仅认为学校一种例行之功课。

——汝所习各种练身运动方法，能每日行之无间否。

——汝能每日用力行有益卫生之举，如清洁、早起、多浴、多吸清气，饮食有定时、有定量，与保持身体直立之姿势等否。

——汝自知有不良之习惯或思想，足陷汝于为恶，如烟、酒、冶游、赌博之类，而努力戒绝之否。

——汝曾否注意访求最良之友，足为汝之指导者，扶助者而与之同事否。

——汝之用费，能适当否，能以有条理之方法储蓄汝之余财否。

——汝曾将以上种种问题，自己规定方法，或每日，或每周之某日，或每月之某日，以一定之时间，反省一遍，而无有间断否。

右之问题，假定有一条合者为五分，全合者为百分。依自己规定之方法，按期反省，则进德修业之程度，可以数字验之。

1928 年 6 月 6 日　星期三①

高砚耘来

到职社。望之偕观澜访张士门夫人，为徐公桥地事。

---

① 《日记》，第 3 卷，第 73～74 页。

庄泽宣来共餐。

午后,讯云五,还《印度问题》一册,索借《安南小志》《印度札记》。

甲社,"地志"索引。吴寄尘来。访刘厚生,未晤。

为徐公桥撰标语:

> 学堂进得早,读书读得好,做人要做呱呱叫——劝学。
>
> 做到老,学到老,学得好,做得巧,人老心不老——成人教育。
>
> 花三担,稻六石,辛辛苦苦,一双手,两只脚。懒惰人家,没得吃,没得著——勤。
>
> 家家扫除龌龊,年年没有瘟疫——卫生。
>
> 烟鬼赌鬼,害人自害,快快改,勿后悔——戒烟赌。
>
> 勿吸烟,勿赌钱,巴巴结结,无忧无虑,活神仙——同上。
>
> 无益的钱,不可虚掷,众人有益,虽多勿惜——经济、公益。
>
> 大家的事大家忙,有福大家享,有难大家当——公益、自卫。
>
> 修几条桥,造几条路,公家的物,公共保护——公益。
>
> 藏几斗米,积几个钱,那怕荒年,夜夜安眠——节俭、储蓄。

1930 年 1 月 22 日　星期六[①]

中华职业学校校歌

> 努力! 努力! 自己的努力,过自己的生活。
>
> 努力! 努力! 我的努力,帮助别人的生活。
>
> 努力,努力,一致的努力,养成大众共同生活。
>
> 用我手,用我脑,不单是用我笔。
>
> 要做,不单是要说。
>
> 是我中华职业学校的金科玉律。

---

① 《日记》,第 3 卷,第 214 页。

1931 年 8 月 3 日　星期一①

晨,为常州贫儿院题字。教贫儿有三事:生计上能自立,是经济不贫了;有相当常识,是知识不贫了;立志向上,是志气不贫了。切不可单注意第一点,抛却第二、三点,若连第一点都不注意,光是养他,直是要他终身做贫人。

1933 年 4 月 1 日　星期六②

枕边为浦东同乡会拟三口语:
一、凡吾浦东人要团结得紧;
二、凡吾浦东人要吃得来苦;
三、凡吾浦东人要看准了跑头向前跑得快。

1933 年 5 月 11 日　星期四③

诗瘦来。

陪张表方、任筱庄(教育)、杨达璋(教育)、鲜特生(军人)、李应武(民生,皆四川)、韩大镛(汉口)参观职社及职校。午邀餐于协会。

二时半,大夏大学教育学会演讲:《教育到今天还不革命么?》先写成感想数则:

一、我们该以至诚和大勇去求真理。吾们深信真理不会有止境。愈求则愈近真。如果见的是真,则以前思想和行为,须毫不顾惜地抛弃,改革。

二、我们认识到大地一切活动的中心,是人类。人类一切问题

---

① 《日记》,第 4 卷,第 15 页。
② 《日记》,第 4 卷,第 166 页。
③ 《日记》,第 4 卷,第 178 页。

的中心,是生活。同时认识到凡百学术,一以人生为中心。苟有助于人类物质上精神上生活问题的解决,才有意义,有价值。

三、我们已悟到人类生活问题,从来没有解决过。可是人们没有一个不在那里谋解决。像吾们中国人在今天,感觉这问题的严重,几乎超过吾们预料的程度;所感受的苦痛,确实超过吾们忍耐的程度,再不想法解决,国家和民族实有覆亡的可能。

四、我呢,向来认为教育是解决人们生活问题主要的工作,而希望政治和其他方面的工作,来和吾们相援应。现在知道不行了。应该把整个的社会问题怎样解决的方针,先来确定,教育跟了吾们所定的方针来进行。

五、我们还没有提出解决社会问题的方针以前,把社会受到教育影响的部分来说一下。

高等教育初步的改革方法:

一、须打破学校分班分级制和时间制,而采用自由研究制。

二、学生的生活区域,不在研究室即在社会上尽量搜采实际问题,而拟议或共同讨论解决方法。

三、教师须以全部心力担负指导搜集材料的途径,研究问题的方式,并十分注意使学生知能系统化。

1933 年 10 月 4 日　星期三　雨甚①

闸北平民教养院院歌

(一)

多谢吾院教我,多谢吾院养我。

养我成人,教我立身,让我堂堂地来做人。

我能立身,我是好人。

---

① 《日记》,第 4 卷,第 216 页。

我能报国,我是良民。

愿国家个个是良民,良民;愿社会个个是好人,好人。

(二)

多谢吾院教我,多谢吾院养我。

养我成人,教我立身,让我堂堂地来做人。

父母生我,望我深深。

师长爱我,诲我谆谆。

吾何以慰我双亲,双亲!吾何以报我师尊,师尊!

(三)

多谢吾院教我,多谢吾院养我。

养我成人,教我立身,让我堂堂地来做人。

欲强吾国,先强吾身。

万众一心,全国皆兵。

无忘一·二八的炮声,轰轰,无忘抗日军的威名,铮铮。

1933 年 12 月 31 日　　星期日[①]

到职社。到协会。

午,访君劢范园。

心九来。新之来。厚生来。克诚来。曹仲渊来。

五时,访君劢郭家谈。

料理文字债。

写给万里:

儿万里将赴美学习土木工程,濒行,特写下列数条,付留

---

① 《日记》,第 4 卷,第 241 页。万里系黄炎培之子。

学时之自省：（一）认清求学包括自身修养功夫，勿因注意物质科学而忘却精神修养，修养方法，最要在养成规律生活，写日记切勿间断；（二）注意锻炼身体，多锻炼，便不至怯弱，亦不至肥胖；（三）学自外国，勿忘用在中国，须时时注意中国需要何种学识与技能；（四）见爱好之物，勿忘其中尚有坏处存在，处处须深一层看；（五）语言、容貌、态度，皆须注意整饬，使人起敬重心，勿惹人轻视，以至厌恶；（六）专门学者必须熟悉人情世故，才行得通，否则全无用处。民国二十二年除夕父书。

　　三年回国，因此多认识世界人物，扩大人生观念，是其长处；若浮慕世界繁华，忘却人生归宿，自己的国家如何？民族如何？是其短处。儿审择焉。父再书。

1939 年 6 月 10 日　星期六[①]

　　昨夜又大雨。晨起，为黄水乡小学诸生写人生修养图，以答昨夜谭生之问。

　　人生修养图：

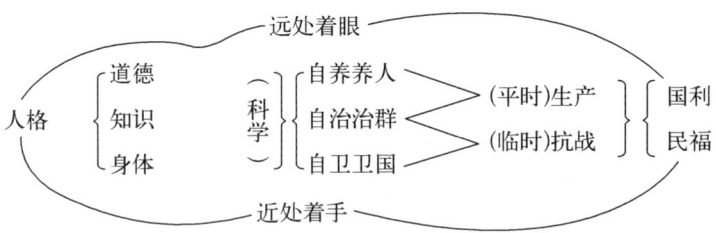

留赠黄水乡小学

黄水乌蛮劫，良田毒种多；

十年成校舍，一绿喜庭柯。

门外啼饥苦，堂前上学歌；

匹夫有天职，何以卫山河。

　　校长吴绍德说：黄水塘多风，不能种鸦片。左近一村名鹿合堡，有百户皆殷实，二十年来全变贫民，皆鸦片所致。老辈如此说。男女多早婚，十五六岁多成婚矣。为诸生讲人生修养图。

　　七时三刻冒雨行。雨旋止。15 黄连坡，15 崩土坎，饭。15 马道子，至棉作试验所，与于绍梁谈农事。15 到西昌，共行 60 里。

宿黄水乡小学有感

烬余人物怆凋零，画里山川闷秀灵；

扰夜雨珠庭叶响，媚晴云絮石根停。

赤贫束脯赊求苦，白腐残肢叫乞腥；

到此人间复何世，浩歌吾党忍终听。

　　江尚青迎于河干，杨蜀修、周宝韩及行署各科长、各法团、各机关领袖迎于郊外，仍宿望远室。离此十五天，此次不与他人同室，辟斗室独居，于办公较便。

　　得重庆黄逸峰五月廿五信，汉源姚仲良支电。

　　发香港国桢、小同、克诚片，上海组方、长风二侄片。

　　宁属视察沿途见山半白云，如花朵朵，风定不动，裱以峰腰青绿氍毹，幽雅澹逸，方知渊明诗"停云"二字之妙。

1940 年 3 月 28 日　星期四　阴雨①

（一）

可爱！可敬！我几千年中华老百姓。

他们心地是多么干净！多么公正！

抽税呀，贡献他们的金钱，征工呀，贡献他们的气力，征兵呀，贡献他们的生命。

他们为了国家，也不管怎样贫，不管怎样病。

他们为了国家，任何牺牲，但知道服从命令。

他们只指望，岁岁丰收，风调雨顺。只指望，全家欢乐，儿孙昌盛。

他们对于官府，只指望，好青天施行善政。

可是，不得他们欢心时，千万人诅咒着，会立时倒运。

国家不幸而碰到敌人，当然，他们总指望着抗战必胜。

（二）

人群天天在进化着，自觉的思潮，挟着全世界狂风暴雨，打破了心渊恬静。

今后怎样呢？

他们义务还是尽着，权利也想问问。

也懂得权义双方平等。

命令是服从的，同时憧憬着自由神圣。

"国家至上"，"一切一切，为的是国家，一切一切，靠的是国家"。

到认识清清楚楚时，他们的肩膀像铁一般坚硬，要负起责任，从艰危中取得生存和安定。

---

① 此件系另纸书写，粘贴在日记上。《日记》，第 7 卷，第 35 页。

他们懂得了，

这是存亡生死关头！绝对不肯走错途径。

谁配做他们的导师？

怎样做他们的导师？

导师！导师！要深深地反省。

1942 年 1 月 6 日①

《劳生》，应川教厅郭子杰厅长之请，为川省各职业学校拟公用校歌：

人群一切，一切的中心，惟经济。

人生一切，一切的中心，惟生计。

文化乎！经天纬地之功，抛开了经济。

有何意义？

教育乎！顶天立地之身，抛开了生计，

从何说起？

不劳动那得生存！不分功岂为合理！

一人一学，一人一技，一人一事。

思想之活泼泼地，工作之实辟辟地。

"自力求生"，"双手万能"，"即知即行"。

教者教此，学者学此。

生之者众乎！则财恒足矣。

三十一、一、七灌县岷江边滑竿中

---

① 此歌系另纸书写粘贴在日记本上。《日记》，第 7 卷，第 206 页。

1948 年 1 月 28 日　星期三　晴　39°

程锡康来,借给《中国教育史要》、《民主化机关管理》原稿。

陈之一(钧)来,嘱为写赠乞丐出身,现独办上海最大的中和造纸厂朱鸿仪颂词,因草下开图解:

人生穷通得失周期率图:

人生时时向上,而不向下,则有富足而无贫乏,有成功而无失败。

人生以其成功所得利益,公之于大众,而不私享受,则其物质上永无匮乏,而精神上永获成功。

问渔、卫玉三人共商社务:一、同事月薪法币贬值保障法;一、延揽钟芷修(道赞)。

晚,浦东同乡理监事会。

劝工银行刘聘三假古仑比亚路 21 号,王儒堂家餐饮,见儒堂之侄恭宽夫妇。

九时,李烛尘偕厥文来谈(北况战、政、经济、大局),明早北飞。

经手王云公借给厥文 45 千万,3 件,期 40 月,3.6%,怡纱 1 400 股抵。时值@63 万,合 8□8。[①]

收专校一月份薪 4 332 000;

收铅笔厂 36.7—12 车马 72 万;

35. 酬劳 100 万;

收民生 36.11—12 與马 12 万。

---

① 原中间符号不明。《日记》,第 10 卷,第 55 页。

1948 年 12 月 12 日　　星期日　　阴雨①

费盛伯来。

偕维带三孩园游，素回来偕。

徐子为来。赵石民由伯樵夫人陪来。路路、心一来。

张文白（治中）来，长谈：和的步骤和方式，我提出一种办法：A
（一）蒋宣言停战下野；（二）中共响应停战；（三）重开政协，决定一
切。此方案（1）先征得中共同意；（2）分洽美苏大使馆。在程序中，
孙科缓就行政院长，在宣言中勿提到副总统。

午后，工商专校毕业生谈话会。

三时，御秋、卫玉社长谈。

荇姊归自周浦。

夜，访孝怀未值，至心一家饮加非，共素回商家务。

得工商学生唐伯南讯，即复约谈。

为《中学生》题字。

题赠《中学生》

投身到大众中间去。我是大众的一员，我有一分知识，向大
众学得，向大众传布。我有一分能力，公之于大众，献之于大众，
大众中有我，大众外无我。

资格老起来了，地位高起来了，求名得名，求利得利，慢慢地
和大众脱离了。初时想置身于大众之上，后来遂被摈于大众之
外，一旦名利得而复失，想回复大众中一员的地位而不可得，甚
乃见弃于大众，后悔无及。

茫茫人海里，这样两条船，前一条船走的是生活，后一条船

---

① 《日记》，第 10 卷，第 160～161 页。

走的像是更大的生路,实是一条死路,出发点是相同的,归根是相反的。

　　青年诸君! 小心些! 切莫上错了船。

中华民纪卅七年十二月

黄炎培为《中学生》题①

———————

① 此件系另纸书写,附贴在日记本上。

28 黄炎培故事几则①

1. 坎坷童年

生长在"内史第"的黄炎培,虽然有众多亲人们的呵护,受到良好的家庭教育与私塾教育,可是他成长道路并不是一帆风顺的。所不幸的是,正当黄炎培年少气盛,满腹踌躇之时,母亲孟樾清因长期劳累、积劳成疾而体弱多病,竟然抛下他和二个年幼的妹妹离开了人世,当时他只有 13 岁。

母亲的不幸去世,使黄炎培在心灵中受到了很大的创伤。可是他万万没有想到母亲去世还不到二年,父亲黄叔才也因长期在外工作积劳成疾、患咯血病故世。这正是:"屋漏偏遭连夜雨,伤痛之处撒把盐",兄妹三人从此竟成了无依无靠的孤儿。失去双亲的痛苦,不仅黄炎培兄妹三人失去了家庭的温暖,而且他们的生活也没有了着落。黄、沈、孟三家亲戚提出将黄炎培兄妹三人分别由他们三家的人来抚养。可是,黄炎培的祖母黄沈太夫人坚决不同意被亲戚分头领养,她对亲戚们说,只要她在,决不让她的孙儿、孙女分离。无奈之下,黄沈太夫人只得接受三家亲戚的救济,并不时地带着孙儿黄炎培

---

① 选自陈伟忠、徐汇言著《黄炎培的故事》,世界大同文化艺术出版社,2012 年 12 月。

和二个孙女轮流到亲戚家中吃饭。

失去父母亲关爱的黄炎培，沉浸在极度的悲痛之中，痛定思痛他感到自己作为黄叔才的长子，应该承担起这个家庭的全部责任。此时，黄炎培已下了决心，准备放弃自己的学业，打工赚钱把两个妹妹培养成人。黄炎培向祖母陈述了自己的意见，谁知，他祖母坚决不同意黄炎培放弃学业去打工赚钱来承担家庭责任的做法。祖母说："奎奎，好孙儿，你是我们黄家的孙儿，黄家期盼着你继承祖业、光宗耀祖，如你放弃学业，这不仅对不起黄家的列祖列宗，而且你父母对你的唯一希望将就此破灭。奎儿，承担黄家家庭责任的事用不着你操心，有你奶奶和伯伯、叔叔、姑夫们呢，你只管读好书就是了。"

无论黄炎培怎么说，祖母黄沈太夫人始终坚持自己的观点，并且再三表示，就是她把黄家祖上所有家产都变卖掉，也决不让黄炎培放弃学业。在祖母和姑夫以及伯伯、叔叔们的再三规劝下，黄炎培才打消了放弃学业打工赚钱来承担家庭责任的念头。

虽然，黄炎培打消了打工赚钱来承担家庭责任的念头，但是他又产生了边打工边读书的想法。他为了减轻祖母和黄、沈两家人的负担，他经常瞒着祖母在城内外到处打工。此事要瞒是瞒不过去的，不久就被祖母发觉了，祖母耐心地劝导他："奎儿，你只要读好书就是了，家里的事情一切还有我呢！你如果荒废了学业，叫我如何对得起你的父母。"可是黄炎培再三向祖母表示："奶奶，我已经长大了，我完全可以为家庭承担一些责任。再说，我决不会因此而影响自己的学业。"

祖母见孙子如此懂事，也就不再坚持了。从此，黄炎培开始了边打工边读书的那种勤工俭学的艰难生涯。

十年寒窗苦读书，几番艰辛终有成。一边艰辛地打工赚钱，一边刻苦地用功读书，不仅使黄炎培打下了扎实的文学基础与深厚的书法艺术功底，而且养成了黄炎培从小爱劳动的好习惯，并且由于他居住在沈家大院"内史第"内，所以也读遍了沈家书斋内的历代著名诗人与大家的各种诗篇、文章。开卷有益使黄炎培在学习上进步很快，他能够熟记诗词韵律和提笔作诗作文，而且在劳动上也能够担起家庭的责任，为他今后成为中国近代史上的杰出人物、我国著名的社会活动家、教育家、书法家与诗人，中国职业教育先驱打下了坚实的基础。

2. 大闹香堂

黄炎培少年丧父母，他与两个年幼的妹妹在祖母的关心下，只能依靠伯伯、叔叔与姑夫们接济度日，为了减轻亲戚的负担，他便利用读书的寒暑假期，在川沙镇上的杂货商店去当临时售货员。

有一天，他正在店里忙着接待顾客，忽然看到有一位衣着破旧的老人步履蹒跚地走进店堂。他赶忙走上前去，搀扶着老人来到柜台前，并轻声地询问："老奶奶，您想要点什么？"

老人抬起头，目光扫视着柜台里陈列着的商品，嘴里并没搭话。黄炎培善解人意地说："是要这些生活用品吧！您看，油盐酱醋样样齐全，您要哪一样啊？"

可老人摇了摇头，嘴里嘟哝着："太贵了，太贵了，这我哪能买得起啊！"

突然，她把目光转向了旁边的柜台，对着里面摆着的香烛和纸钱，对黄炎培说："哦，我就要这个，就要这个。"

黄炎培以为自己听错了，忙反问道："老人家，这些东西比刚刚的还要贵啊！您怎么舍得买这？"

老人回答道："家里人多，难免有病有灾的，买回去，给家人上上香，拜拜神，烧点纸钱，为他们保个平安。"

黄炎培还想说，只见她已抖抖颤颤地从贴身夹袄里取出一个小布包，小心翼翼地一层一层地把小布包打开，把里面的钱递给了黄炎培。

　　黄炎培接过那带有老人体温的钱，心里真不是滋味。他真想不通，为什么这些穷苦百姓肯花钱买香烛、纸钱，却舍不得掏钱购买日常生活必需用品呢？

　　这疑惑一直困扰着少年黄炎培的心，当他目睹了城里城外的男男女女，老老少少许多人家都在整日烧香拜佛的情境时，他的疑惑就更大了。

　　黄炎培见那些信徒们对着泥菩萨恭恭敬敬磕头求拜，有的求菩萨保佑自己长命百岁，有的求菩萨保佑自己升官发财，有的求菩萨保佑自己多子多孙，有的求菩萨免祸消灾、保佑全家。

　　更有甚者，赌徒们求菩萨保佑能使他天天赢钱；偷鸡摸狗之人求菩萨保佑让他平平安安不被人发现；懒汉求菩萨保佑出门拾到钱，天上掉白面；贪心人求菩萨保佑自己有钱使不完，可不要让别人发财；生了病不去看病，却祈求菩萨保佑早日康复，人死了还要求菩萨保佑他在阴曹地府中免遭折磨……

　　所有种种使黄炎培的这个疑团日渐明朗起来，这是几千年日积月累下来的封建迷信与腐朽思想在作怪，这长期造成的社会精神病毒与伪科学在欺骗老百姓，这些精神病毒决不是可怜的人们醒悟过来就能解决的，要铲除这毒害老百姓灵魂的封建迷信的腐朽思想，就要彻底清除其思想根源，就必须开展全社会的行动来把它彻底地清除，否则封建迷信与腐朽思想就会像一株株毒草，吞噬掉老百姓的心灵，黄炎培决定要用自己的实际行动来帮助那些深受蒙蔽的百姓。

　　正在黄炎培逐渐明白之时，恰逢从川沙农村来了一个老巫婆，她在镇上到处装神弄鬼骗取老百姓的钱财。

　　有一天，这老巫婆来到了黄炎培的邻居家。只见这老巫婆打扮得妖里妖气的，脸上还涂满了胭脂香粉，浑身上下充满一股邪气，她一进屋，就故技重施，命人在屋内设立香案，摆上供品，点上香烛。她自己呢，头缠布条，手里挥舞着所谓的斩妖剑，口中念念有词，霎时间，屋子里被那巫婆搞得乌烟瘴气，烟气熏得周围的人眼睛发痛，头脑发晕。

黄炎培站在一旁，对此冷眼观察，想看看这个老巫婆究竟要搞什么鬼。过了一会儿，这老巫婆又谎称自己把神仙招来了，而且已经"神仙附体"，如想要求神问卦，赶快买好纸钱来问仙，这样就能保全家平安。围观的善男信女们一个个信以为真，纷纷拿出平日里用血汗积攒下来的钱财交给巫婆。

黄炎培看到此，心中的怒火已经按捺不住，他一下子从人群中站了出来，一个箭步冲走到香案前，把香案推翻。他又转过身，用强有力的声音喊道："如果有鬼，让他来找我！我就是不怕这妖怪、神仙！"

黄炎培这一突如其来的举动，犹如晴天霹雳，把还在装神弄鬼的老巫婆吓了个半死，她手中的所谓的"斩妖剑"也"砰"地一声掉在了地上，她刚才的那股装神弄鬼的神气劲儿已荡然无存，吓得她抱着头连滚带爬地逃了出去，旁边围观的人们也是目瞪口呆地傻站在原地，进也不是退也不是。

黄炎培大闹香堂之事，在川沙镇上传开后，有不少青年人拍手称好，不少人纷纷责怪，就连在黄、沈两家中也不少长辈对他的行为也保持沉默，唯有姑夫沈毓庆与他的叔叔伯伯们不仅对他赞赏有加，而且希望他做一个不信鬼神、不怕邪恶的顶天立地的人。

可是有不少相信迷信的川沙人，说黄炎培得罪了神仙今后不仅要多灾多病，而且要折寿短命的，还会白白葬送自己的前途。可黄炎培就是不信这个邪，他不仅身体健康，活到八十八岁，而且事业有成，贡献卓著，成了我国伟大的教育家、社会活动家，当上中华人民共和国的副总理。

3. 蓄志改革

19世纪末20世纪初的中国，清朝政府日趋衰弱，官场腐败黑暗，人民生活痛苦不堪。1984年(清光绪九年)的一天,少年黄炎培前往上海县应考。他在黄昏时动身上船,船主人为了增加收入,船上除了载客之外,还兼运一些货物,第二天黎明前,过严家桥关卡时,守卫的士兵把船给拦了下来。黄炎培向岸上张望,只见船主人悄悄地上了岸,过了一会儿又回来了,扬了一下手后,船又向前驶去,那些士兵也睁一只眼闭一只眼只当没有看见。黄炎培非常纳闷,这到底是怎么一回事呢?

　　事后,黄炎培才了解到:原来是上海县署在这里设置的"厘卡所",并由厘卡官和厘卡丁驻守,凡是从经过严家桥的货物,厘卡官与厘卡丁就打着征收厘金的幌子进行敲诈,船主人上岸就是向厘卡官塞上贿金,而这些贿金就直接进入了厘卡官的个人腰包,国家应征收的厘金却不了了之。黄炎培目睹这黑暗的一幕后,内心无比愤慨。他感到,官府如果不除这些"蛀虫",社会就得不到太平,人民就得不到安宁。这黑暗的制度一定要彻底变革。

　　真是一波未平,一波又起。当年秋天,黄炎培到松江参加府试,又看到了一件让他愤愤不平的事情。

　　那一天,他来到松江府衙门前,看到一大群百姓正里三层外三层地站立在那里。黄炎培禁不住好奇心走上前去,就听见几个老百姓正在摇头叹息:"真是命苦啊!""我们老百姓还能有活路吗?"……

　　黄炎培走近一看,见是府衙门一个很大的木笼,里面站立着一个满身伤痕的农民。只见他低着头,看上去已经衰弱到了极点,随时有可能倒下去。黄炎培忙向周围的百姓打听这到底是怎么一回事。

　　原来这个农民由于交不起租税被官吏处以站笼的酷刑。听到此事,黄炎培心中的怒火刹那间喷发出来。欺压老百姓,毫无人道!这些官吏不仅残酷剥削老百姓,还要榨干他们的血汗,他们简直连猪狗都不如!官吏欺诈,恶霸横行,中国的希望到底在哪里呢?!少年黄炎培万分愤慨,他不禁又联想起所到之处以及近来川沙县城的种种情形。

鸦片战争以后，清政府在帝国主义列强的枪炮下，被迫实行"门户开放"，帝国主义列强们也趁机把大量的鸦片源源不断地输入中国上海。浦东川沙城内大街小巷都开设了供吸食鸦片的"燕子窝"。

顷刻间，浦东川沙城内精神萎靡、骨瘦如柴的吸鸦片者随处可见，有不少家庭的屋子里都弥漫着鸦片的气味。不仅如此，清朝政府还为了巩固自己的政权，在人民中间大肆宣扬封建迷信思想，宣称人命在天，人的命运都是菩萨、神仙来决定的，人生富贵，命中注定。不可违抗，要想来世享福，必定今世信佛。

许多愚昧无知的百姓，宁可挨饿也要为来世能脱离苦海而求神拜佛，所以川沙城内满城的寺庙内香火缭绕，乌烟瘴气。

黑暗腐败的清朝政府不仅不顾人民的死活，欺诈百姓，搜刮民膏，甚至只要你有钱，就可以买官，钱多买大官，钱少买小官，并按出钱多少和先后，分"候补"、"尽光补"、"遇缺即补"等类别的补缺。所以这些人一旦做了官，便本着"用之于官，取之于民"的信条，拼命搜刮，鱼肉百姓。

这一切的一切使少年黄炎培彻底地看清楚了清朝政府腐朽没落的真正面目，他恨不得一拳将这个软弱无能、昏庸黑暗的政府砸碎、砸烂。

可面对这样一个腐败的政府，使正处于少年壮志时期的黄炎培逐渐地体会到，要推翻这个腐败没落的政府，就必须要唤醒广大民众一起起来进行社会变革，建立一个人民当家作主的新政权，这才是中华民族的唯一出路。

从此，立志改革的愿望在少年黄炎培的心中扎下了根。正如黄炎培在《八十年来》一书中所说："我个人童年的时候，看饱了一切一切时间到来，不能不高声大喊'快快革命，快快革命'！"

4. 新场风云

在 110 年之前的上海新舞台戏院,上演一出文明戏,戏名叫《新场镇》戏中将黄炎培描绘成一个革命党的年轻人,扮演者穿着大皮鞋,铁秃铁秃地在大街上满街走,并发号施令搞革命,却被清政府捉了去,差一点被杀头示众。戏演得有声有色,滑稽而有趣。当时章士钊主持的《民国日报》上,也发表了《南汇之风云》的文章,报道了这件轰动一时的风云轶事。

那么,这到底是怎么一回事呢?原来是黄炎培回家乡川沙兴办学校一举成功,受到川沙地区老百姓的欢迎,但是黄炎培为了唤醒民众,使百姓们真正从愚昧落后中解脱出来。于是他又在家乡举办星期公开演讲会,宣传科学知识,讲解科学原理,提倡教育普及,而名誉大震。

1903 年 5 月,南汇的顾次英从日本留学归来,他也竭力主张改变现状,振兴教育,便与黄炎培可谓志同道合,而一见如故、成为好友。

同年 6 月 18 日,黄炎培应南汇新场镇友人的邀请与顾次英、张志鹤等前往演讲。新场是南汇县的千年古镇,市集繁盛,水网错综。黄炎培站在新场镇石牌楼下的广场中央,情绪激昂地说:"兄弟们!我们中华河山现在前途危急!洋鬼子欺负我们,好凶狠啊!快要来瓜分中国了!但那些当朝的还是不闻不问,只知保住自家性命和头上的那顶乌纱帽!兄弟们,不要再麻木不仁,糟蹋自己了!什么赌钱,吸鸦片,女子缠脚,这些都是亡国灭种的勾当啊⋯⋯"

黄炎培声情并茂的演讲使人群中不断地发出了激动热烈的掌声,并时而还传来口号声,听讲的青年人的心也被震撼了,他们心中渐渐萌生了一种理想:我要革命!

黄炎培的演讲令一些热血沸腾的青年不再徬徨、更增添了信心,但却令当地的一些乡绅大为恐慌、似天崩地裂,乡绅们认为这是对他们多年来未曾动摇的、凛凛乡威的蓄意挑衅。

新场镇的永宁寺尼姑庵创设在西天门，可是此尼姑庵已被西天门的教师刘恒轩所把持着，他为古道惑人，勾引良家妇女，招留无赖，而声名狼藉。农历6月19日为观音诞期，黄炎培等人就在永宁寺密室里发现迷药一瓶，特别是西天门的教师刘恒轩行为十分诡秘，行迹十分可疑，并有告诉黄炎培他们这迷魂药完全是刘恒轩所为。为此，黄炎培以举人身份请求县衙派出官兵抓了刘恒轩，当晚永宁寺住持尼姑却请当地的痞棍黄德渊出面向黄炎培要人。

第二天，黄德渊到黄炎培处拍案大骂，要黄炎培放人，黄德渊与黄炎培同族，论辈分为黄炎培叔祖，其母一向寄食于永宁寺。可黄炎培没有同意放人，碰了钉子后的黄德渊恼羞成怒，厉声说："怎么，不放！你们聚会、穿皮靴、上操、演武，想干什么？以为我不知道。"众人见他愚昧无知，相对微笑。

当夜，黄德渊在茶坊、酒肆、赌窟纠集无赖、烟鬼、赌徒300多人，手持火把，冲去了讲学会、教堂，劫走了刘恒轩。因没找到黄炎培等人，把周浦讲学会张尚思的船捣毁，衣物抢掠一空。黄炎培、顾次英等人气愤异常，次日天刚亮，赶往南汇县署，向知县戴运告状，要求惩办黄德渊等人。于是永宁寺被封禁，黄德渊被提到，黄德渊叩头说："小人知罪，但这是地方上的公愤，不是小人一人之事。"

戴运寅诧异地问："怎么是地方上的公愤？"

黄德渊见其入圈套，便伏地大哭，叩头有声说："黄炎培是小人侄孙，聚众演说，上不忠于君，下不敬于长，他天天讲革命。小人是不通文墨的，问别的读书人，都说黄炎培带头诽谤太后、皇上，妄图造反。小人因教训他，岂知炎培目无尊长，不认小人为叔祖，小人一身不足惜，可怜我黄家世代积的阴德，不料至炎培，遭以横祸。"说罢大哭不止。

戴县令沉思良久，忽然喜形于色，他当场释放黄德渊。下令传唤黄炎培、顾次英等四人,原来当时正是《苏报》案发生,邹容、章太炎被捕,清政府通令各县缉拿革命党人,戴运寅一听黄德渊诬黄炎培为革命党人,岂肯放过这邀功请赏的机会。心里暗喜:"这真是天赐良机,我要把这班乱党全部拿下,再送到朝廷,这慈禧皇太后一定会论功行赏。"

黄炎培、张访梅、顾次英、张尚思四人不知何事,被传到南汇衙门,于是他们一起来到县衙,南汇知县戴运寅大喜,不容黄炎培他们申辩。顿足大喊:"革命党! 你们是革命党!"就这样,四人被关进监狱,严密监管。

戴运寅为了邀功连夜派人禀告上海道衙门,又越级向总督和抚台直接拍电报,声言抓到革命党数人,起得军火无数。

如按革命党罪被捕,那么黄炎培等四人将面临着杀身之祸,新场演说会的组织者见黄炎培等四位青年被南汇知县捕,极度惶急,他们生怕黄炎培等人在县衙大牢内遭到不测,立即进行了营救的密商。

大伙焦急地不知所措,都说:"这可怎么办?"

有一人说:"咱们是否请几位高手冲进大牢劫狱救出他们,然后让他们远走高飞吧!"

可又有一人说:"这个方法能行否?"

那人说:"我们请他们来,总不能见死不救吧!"

这时,新场镇上的一位秀才说:"劫狱,这仍是下下之策也,万万不可也。"

大伙儿说:"这怎么不可呢?"

秀才说:"要知道这南汇戴知县将黄炎培等到人抓起来,就已早有防范,肯定会下命要派员严加看管,劫狱弄得不好,不仅没有救出他们,反而会送了他们几位的生命。"

大伙说:"那可怎么办呢?"

秀才说:"我倒有一计,你们看能不能行?"

大伙儿忙说："快说来听听。"

秀才说："你们没听说过官怕洋人吗？我们是否可以通过洋人来救他们……"

大家都异口同声地说："对，对，对。"并都称此计甚好。

大家进行商议之后，就派人去请新场镇基督教牧师陆子庄出面。陆子庄是中国籍的牧师，他立即约了川沙基督教牧师宋耀如和黄炎培的老友被称为"毁家兴学"的上海营造业（建筑业）老板杨斯盛，一起连夜赶往上海向美国基督教总牧师步惠廉求助。

步惠廉总牧师是浦东川沙基督教牧师宋耀如在美国时的好友与恩人，并与南汇基督教牧师陆子庄也有一定的交情，他听了二位牧师对黄炎培等四个青年人在新场镇进行反清的演讲的经过后，感到此事十分严重，如不及时出面营救，四个年轻人必死无疑，但是他怕就凭他和上海基督教的力量难以营救他们脱险。

于是，他即带领陆子庄、宋耀如牧师与杨斯盛等三位一同前往美国律师佑尼干的住处，向这个老于世故又精通中国官场事务的美国律师商量求救，请他出面予以相救。

佑尼干律师在江苏与上海的上层有较大的影响，而且精通中国历史，并与朝廷中的官僚有密切来住，凭着美国人在上海势力，江苏与上海等地的官府都惧怕他。虽然，今天美国基督教总牧师出面，他起初仍大摆美国律师架子，说此事关系到反对清朝政府，问题十分复杂，事情较为棘手，是如何难办，并再三进行推托，但其言下之意十分明白。

杨斯盛等人一看，就知道这美国人佑尼干的目的，随即拿出了他早已准备好的白银 500 两交给了佑尼干，并说一切望请佑大律师多多帮助周旋，所需费用由我承担。这样一来，这位洋人律师才答应出面相救，并向步惠廉、陆子庄等人谈了他亲自出马营救的锦囊妙计。

第二天清晨，佑尼干、步惠廉等一大早就闯进南汇县衙门，进门就说:"你们戴知县呢? 快请他出来见我!"

那南汇戴知县就像是这辈子从来也还没见过洋人似的,一听说有二位洋大人要见他,吓得战粟不已,忙出外相迎,说:"不知佑大律师与步总牧师大驾光临,在下有失远迎,请多多原谅!"

佑尼干话里有话地说:"戴大人不必客气,今日我们来此是有一事要请你戴大人帮忙,不知你戴大人给不给我们这个面子?"

这位戴知县一听佑尼干的口气,心中又打了一个呆,忙对两位洋大人说:"好说,好说,好说……"一面忙为佑尼干、步惠廉等人让座。

步惠廉坐下后,就开门见山地说:"贵府前日抓的四个青年人,可不是什么革命党,他们是我们基督教的朋友,今天我特来保释他们,不知戴大人意下如何?"

"这个……怕不大好办……"戴知县支支吾吾地说。

"什么? 不好办? 难道还要我们去跟你们上司说吗?"佑尼干生气地说。

"不,不,可这,这……"戴知县听了佑尼干与步惠廉的话后,不知怎么回答才好,他只能千方百计地搪塞。

佑尼干律师收了杨斯盛的送的白银,曾在步惠廉总牧师面前夸下海口,这事虽难办,但是只要他佑大律师亲自出马,就一定能马到成功救出黄炎培等四位青年。今天见这位小小的南汇知县竟敢不买他的账,觉得有失面子就大声地说:"好啊! 想不到这位小小南汇知县,竟连我们这点小小面子都有不给,看来你是要存心与我们过不去了。"

戴知县见洋人发火,忙说:"不是我不给二位洋大人的面子,这事非同小可,我怕担当不起。"

佑尼干说:"这么说,难道要我请你们督抚大人亲自来这里,让你放人吗? 那好啊,我这就去请。"说着就往外走。

戴知县忙拉着佑尼干说:"不,不,我,我……"

佑尼干说："好了,废话少说,今天我来这里找你是给你面子,如你今天不放人,可不要怪我们……"

眼看快到正晌午了,这位戴知县见这两位洋大人是不达到目的决不罢休,又怕酿成与美国洋人及教会的纠纷,再说,这两位洋大人连督抚大人都不敢得罪,就是朝廷也怕他们三分。如今天我不放人,得罪了他们今后我这知县也要当不成。此时,他烟瘾大发,哈欠连天实在支持不住,于是只好被迫放人。

黄炎培等四人在佑尼干与步惠廉总牧师等人的带领下走出大堂,登上轮船,扬长而去。

说来也巧,他们离开刚半个多时辰,一纸"就地正法"的急电命令送达,吸足鸦片的戴知县,此刻如坠入云雾之中,手拿着电报,追悔莫及。

一个人的生死命运竟然是如此偶然的阴差阳错,这半个多时辰对黄炎培来说,实在是惊心动魄的瞬间。由于形势紧急,黄炎培等人在国内随时有生命的危险。此时,佑尼干、步惠廉得到消息,清朝政府下令要把黄炎培等四人缉拿归案。他们怕黄炎培等人留在上海会再次出事,忙派人通知黄炎培等人,请他们赶快离开上海,在杨斯盛的资助下,黄炎培等人被迫离开了自己的家乡东渡日本避难,除一人去外地之外,他们一行三人连夜登上了"西伯利亚"号船。

当轮船从上海吴淞口驶向那茫茫的大海时,黄炎培禁不着就走出船舱站立于船头,遥望着将要远离的自己的国土与家乡上海,只见那茫茫大海那头的祖国大地在黑夜色沉沉的笼罩下,夕阳的余晖也被这黑暗吞噬了。这莽莽苍苍的神州大地渐渐地消失在地平线上。黄炎培两眼迷茫,这是社会的残酷,还是个人的悲哀呢?

这不堪回首的一幕,直至晚年,黄炎培的回忆:我生最难堪,要算此时此景。

5. 会爱迪生

黄炎培的第一次出国是被迫的流亡日本,第二次出国是政府组团受聘随团去美国进行考察,并参加在美国举行的万国博览会。那是 1915 年 4 月,中国组织游美实业团,黄炎培受聘担任中国旅美实业团随行记者访问美国。

黄炎培随中国旅美实业团在美国访问考察的 3 个月时间里,共访问了美国二十五座城市,与美国教育界与工商界人士进行了广泛接触与交往,还参观了各类学校、博物馆、美术馆共六十多所。在美期间,对美国这个新大陆国家的教育与新兴科技工业等产生了浓厚的兴趣。他正准备有选择地进一步了解一下美国的新兴工业与科学技术的发展情况。

在美国考察期间,恰逢美国青年会总干事穆德前来拜会黄炎培,并对他说:"我们美国有一位大科学家叫爱迪生,他很希望能与您这位中国的教育家见见面,不知您意下如何……"

黄炎培一听,忙说:"好哇,正合我意,我就是为了长知识而来的,爱迪生先生想见我,我怎么能放弃这么好的机会呢?"

在纽约市郊外的一个专门从事创造发明实验的电机厂里。举世闻名的大发明家爱迪生与中国的社会活动家、教育家黄炎培相见。爱迪生先生非常热情地向黄炎培介绍他的科学发明,并陪同黄炎培参观了他的电机厂。

爱迪生对黄炎培说:"黄先生,我非常高兴能见到您这样一位从伟大国度里来的使者……可我不能了,没有别的希望,只希望允许我把这座电机厂带到地下去,让我继续有所贡献。黄先生!我知道您是上海有名的人,上海是大都市,现在一种新发明的播音器,请您完全用上海话,向着这播音器说,不到几分钟,就会照您的话放出来。如果上海也有这样的播音器。双方通了电,上海人会同样地听到你这篇讲话。"

黄炎培很兴奋地答应了爱迪生的请求,坐下来,对着播音器的喇叭口说:"我们中国是东方大国,美国是西方大国,两国人民如果同心同德采取和平手段,互相帮助,我相信大家一定会走上幸福的道路。上海是中国的大商埠,纽约是美国的大商埠,我愿代表中国人民提出这点希望,和敬爱的大科学家爱迪生先生在这里握一次手,祝先生长寿。"果然,不到几分钟,黄炎培带着上海浦东方言和激昂声调的讲话被播放出来了。

黄炎培激动地握着爱迪生先生的手,衷心地感谢他为人类进步所作出的伟大贡献。

黄炎培这次随中国旅美实业团到美国考察的另一个目的,就是通过对美国的考察中探寻中国富国强民之路。这次他能与美国的大科学家爱迪生握手,共同为人类的文明与进步进行探讨,这将更有助于探寻中国的职业教育之路,中国的经济发展之路,中国的富国强民之路。

6. 独树一帜

1915 年,黄炎培随中国实业考察团从美国考察归来后,已基本上找到了中国为什么会落后的真正原因,于是他决定再次东渡日本与去菲律宾进行一次教育考察。因为黄炎培认为日本与中国一衣带水之隔,民风相同,习惯相近,日本几十年由落后的封建帝国崛起为资本主义列强之一,必有可借鉴的经验。而菲律宾是美国的殖民地,实行职业教育,"不十年而改观,市无游民,道无行乞,国多藏富之源,民有乐生之感。"

黄炎培认为这两个国家的成功经验与中国更为切实、亲近。为此,于 1917 年 1 月初,他再一次偕同陈宝泉、郭秉文、蒋维乔等一行六人东渡日本,后又去菲律宾进行考察。这次考察共历时 96 天,所到之处黄炎培与同行们都认真探讨邻国的先进经验,黄炎培写下了考察日记与考察文章《东南洋之新教育》,经过这次考察使黄炎培发展教育事业的信念更坚定了,中国教育之路应该如何走,也已在黄炎培的心中有了较为明确的答案,一幅改造中国教育的蓝图也在他的脑海里十分清晰地呈现了出来。

考察归来以后,黄炎培提出了"用教育的方法,使人人依其个性,获得生活的供给和乐趣,发展能力,同时尽其对群义务,名曰职业教育"的先进理念。

黄炎培认为:社会生产力的发展,经济的发展,必定要求教育与它同步发展,并为它服务。特别是近代的职业教育是伴随着近代大工业的产生,而在西方各国首先发展起来的。它的兴起反映了大规模机器生产对劳动力在质量上、数量上的新需求。由此,黄炎培就又从"教育救国"的志向和实用主义教育的构想出发,向社会大声地疾呼:"提倡爱国之根本在职业教育!"并再三强调"教育应以实用为归"的原则。

大声疾呼:"求学必求当世必需之学,教人必教当世不可少之人。"

有了国外的成功经验与对国内现状的分析,为了全面地在中国推行职业教育,实现富国强民的职业教育救国思想与改变"君子劳心,小人劳力"思想对社会的毒害。于是黄炎培在上海独树一帜地开创职业教育,1917 年 5 月 6 日,黄炎培又联络了全国实业界、教育界的知名人士蔡元培、马相伯、张元济、伍廷芳、梁启超、严修、王正廷、唐绍仪、汤元化、陆费达、沈恩孚、张伯苓、聂云台、史量才、穆藕初、张嘉璈、宋汉章、蒋梦麟、郭秉文、陈宝泉、张志鹤(陈嘉庚、钱新之、黎元洪、李纯、鲍贵卿、卢永祥)等 48 人署名发表了成立中华职业教育社《宣言》。

《宣言》缕述当时中国教育之最大的危机在于毕业即失业,就业者所学亦不能适用。提出了"使无业者有业,使有业者乐业"的职业教育理想，并以"惟先劳而后食兮，嗟我人群之天职"作为中华职业教育社社歌的开头。"动手动脑、手脑并用"的构思图案作为中华职业教育社的会徽。

中华职业教育社成立时，中国军政界高级主管人员、教育、工商企业等各界巨子都纷纷参加，可以这么说中华职业教育社成立，创立了中国民间组织成立之规模之大、阶别之高、人员之多、影响之广的中国之最。

有了这样的组织依靠，从此黄炎培全身致力于中国的职业教育，并以"劳工神圣"作为中华职业教育社所办学校教师与学生们的座右铭，从而团结与造就了一大批有知识、有理想的青年，使职业教育在教育界独树一帜，中国职业教育的旗帜在中国大地上高高飘扬，并使黄炎培也成为中国职业教育的先驱。

黄炎培写作《延安归来》时的照片

7. 向望延安

　　1945 年,在中国命运即将发生重大转折的关键时刻,中国大地上几乎同时召开了两个大会,一个是中国共产党的第七次全国代表大会,一个是中国国民党的第六次全国代表大会。这两个代表大会,有着完全不同之目的,代表着两种完全不同的中国之命运。

　　中国共产党主席毛泽东在中国共产党第七次全国代表大会上宣布:"我们这个大会要打倒日本帝国主义,把全中国人民解放出来。这个大会是一个打败日本侵略者、建设新中国的大会,是一个团结全中国人民、团结全世界人民、争取最后胜利的大会。"会议的中心文件是毛泽东的书面政治报告《论联合政府》。

　　可是,中国国民党主席蒋介石却对毛泽东所作的《论联合政府》的政治报告极为不满,在国民党的第六次全国代表大会上,攻击组织联合政府无异于推翻政府;各党派会议等于分赃会议;国民党的第六次全国代表大会,还做出了单独召开国民大会的决定,致使中国国民党与中国共产党的谈判从僵持而陷入了停顿。

　　作为代表中国第三方面力量的中国民主同盟创始人、中华职业教育社主任委员、国民参政员黄炎培认真阅读了毛泽东的《论联合政府》后,很有触动,他认为中国共产党人的主张是顺从民意的主张。于是他决心为国共谈判做些推动工作,他先和褚辅成商量,两人意愿相同,并决定多找几个人一起商量,提出较为切合的恢复国共谈判的办法。并由褚辅成出面,邀请几位国民参政员吃饭,这次聚会除黄炎培和褚辅成外,共邀请了九位国民参政员,他们是冷遹、傅斯年、左舜生、章伯钧、王云五、王世杰、邵力子、雷震以及参政员中的中共代表王若飞等。交谈中,王云五与傅斯年认为要先看看蒋介石的意向如何? 由此,黄炎培等人一致推荐王云五和邵力子向蒋介石传达大家的意见。没几天后的 5 月 30 日,黄炎培等人接到通知,蒋介石邀请他们几人吃饭，黄炎培得知消息后，立即打电话给中共代表的国民参政员王若飞，问他是否接到邀请。中共人士王若飞告诉黄炎培，他没有接到蒋介石的邀请。中共人士王若飞知道自己没有被蒋介石邀请后，他便立即邀请黄炎培与冷遹先生进行单独谈话。

当晚，黄炎培即与冷遹一起来到了中共代表王若飞的住处。黄炎培与冷遹请王若飞把他们希望国共继续谈判的意见转达给中共中央和毛泽东、周恩来等中央领导。

通过实际调查研究与几十年的亲身经历，黄炎培清楚地认识到作为一名国民参政员，决不能袖手旁观，必须行动起来制止国民党蒋介石的倒行逆施。他与褚辅成等爱国民主人士商量，建议尽快恢复国共谈判，反对内战、保卫和平。保卫中国人民为之浴血奋斗而取得的抗日战争的伟大胜利成果。黄炎培等爱国人士积极支持和平、反对内战的主张，得到了中国共产党的赞同。但是国民党、蒋介石为了赢得时间，使他们能把国民党军队从后方抢运到东北、华北地区，便假惺惺地也邀请黄炎培等爱国民主人士商谈，妄图为他的假和平、真内战争取时间。

6月1日，黄炎培与冷遹等应邀到达蒋介石官邸赴宴，这天被邀请的还有褚辅成、王云五和傅斯年，由国民党政要王世杰、邵力子、雷震作陪。席上，黄炎培等人慷慨陈词地要求国民党政府和蒋介石恢复国共会谈，并明确表示准备以他们几个参政员的个人名义打电报给延安的中共中央，表达他们的愿望。可是，蒋介石只是哼哼哈哈，未置可否地说了一些十分空洞的话。蒋介石还说，他对中共并无成见，如果诸位认为要打电报给延安，电稿可交给张治中去拍发。其实这种宴请只是蒋介石惯用的一种欺骗的手段，黄炎培等人知道蒋介石是不会支持他们这种做法的。

所以，宴会后黄炎培等人又到了中央研究院傅斯年处继续商量，商量结果大家一致推定黄炎培与傅斯年草拟致延安的电稿。

电稿全文如下：

"延安毛泽东、周恩来先生惠鉴：

团结问题之政治解决，久为国人所渴望。自商谈停顿，参政会同仁深为焦虑。目前经辅成等一度集商，一致希望继续商谈。先请王若飞先生电闻，计达左右。兹鉴于国际国内一般情势，惟有从速恢复商谈，促成团结，不惟抗战得早获胜，建国新猷亦基于此。敬掬公意，伫侯明教。褚辅成、黄炎培、冷遹、王云五、傅斯年、左舜生、章伯钧。"

6月6日，邵力子告知黄炎培说，张文伯（张治中）已将他们给中共延安的电文发出。

中共中央于6月16日发表声明，宣布不参加即将召开的国民参政会，并坚决反对一手包办的分裂人民，准备内战的"国民大会"，并于18日，电复褚辅成、黄炎培等七位参政员，邀请他们去延安商谈国是。

电文如下：

"……倘因人民渴望团结，诸公热心呼吁，促使当局醒悟，放弃一党专政，召开党派会议，商组联合政府，并立即实行最迫切的民主改革，则敝党无不乐于商谈。诸公专临延安赐教，不胜欢迎之至，何日启程，乞先电示。扫榻以待，不尽欲言主。"

中国共产党人为了中华民族的利益出发，提出召开各党、各派、各人民团体参加的国事会议，结束国民党一党专政，建立各党派联合政府，强化民主宪政运动的建议。这建议也正合黄炎培等爱国民主人士的意。访问延安，也确是黄炎培的一个宿愿。黄炎培历来信奉的是百闻不如一见，他一生跑了许多地方进行访问与考察，认为耳听为虚，眼见为实。

1936年黄炎培受上海人民的委托，从上海到西安转百灵庙劳军时曾想去陕北访问，未能如愿。

1940年5月挚友陈嘉庚到重庆，和黄炎培促膝长谈。陈嘉庚对国共团结抗日问题极为关切,他说国共若不幸破裂而内战,则华侨公私汇款必将冷淡。希望黄炎培以调解人之一的身份多多出力,推进国共和谈。陈嘉庚还表示将去延安参观访问,黄炎培也向陈嘉庚表示他也有此愿。可是当时的状况他也未能实现。

现在,中共中央和毛泽东电邀大家去延安,黄炎培特别高兴,也特别起劲。于是他就相约大家一起到傅斯年处会合商谈。

在全国人民一致反对内战,要求和平的呼声下,黄炎培作为当时中国第三方面人士的代表,受国内广大爱国人士和海外爱国人士陈嘉庚先生等人对他促成国共合作嘱托。他与其他几位著名爱国民主人士经过了多方努力,并于 1945 年 6 月 6 日,黄炎培与褚辅成等七人再致电延安的中共领袖毛泽东与周恩来。

毛泽东与周恩来收到黄炎培等爱国民主人士的电报后,即以他们个人的名义与中国共产党中央委员会的名义致电黄炎培、褚辅成等七人,邀请他们赴延安中共解放区访问。

黄炎培等人接到毛泽东、周恩来和中共中央邀请他们访问延安的电文后,心情十分激动,他们经多方周旋、各方努力,终于,于 1945 年 7 月 1 日启程前往中共中央所在地(中国革命根据地)延安。

8. 飞赴延安

1945 年 7 月 1 日上午 9 时 30 分。重庆九陇坡机场上一架小型螺旋桨式军用飞机徐徐地从跑道上滑过,然后飞机逐渐地加速升空飞向了蓝天。黄炎培等人都下意识地抓紧了胸前的一根深绿色的带子,这就是他们上飞机时,特意配给他们这批特殊人物应急时使用的军用降落伞,在他们登飞机时,飞行员就再三地关照:"万一遇到敌机,也需能够派得上用场。"

飞机在蓝天中飞翔,途中没有发现敌机,在蔚蓝色的天空中,黄炎培望着机窗外,祖国的河山尽收眼底,飞机沿着蜿蜒曲折的嘉陵江上空自南向北飞行,咆哮的嘉陵江好像一条被天仙女抛下的金色的绸带,静静地盘仰在奇峰绿洲之间,显得十分地娇柔和文静。可是黄炎培的心中却似汹涌的波涛一样此起彼伏久久不能平静,他望着窗外,浮想联翩,这次延安之行是多么的来之不易啊!

飞机穿过秦山峻岭,大江河流,当机长告诉大家飞机将要到达延安,此时此刻黄炎培想到就要见到中共领袖毛泽东时,他在兴奋之余也不免有些紧张。过去他见过不少中共领导人,并同他们有过十分密切和友好的交往,如徐特立、董必武、林伯渠等等,至于与周恩来和王若飞那就更不用说了。

为了更进一步了解毛泽东,黄炎培曾在来延安之前就仔细地阅读有关介绍毛泽东的文章和毛泽东在中共"七大"上作的报告《论联合政府》,这是中共办事处王若飞专程给他送来的。

到达延安时已是中午时分了,这一天毛泽东、周恩来、朱德、刘少奇、张闻天、林祖涵、吴玉章、邓颖超、秦邦宪、刘伯承、陆定一、林彪、李富春、杨尚昆、徐特立、谢觉哉等中共中央领导人和陕甘宁边区政府领导人三十多人都前往机场迎接,并热情地与黄炎培、褚辅成、冷遹、傅斯年、左舜生、章伯钧等六人亲切握手。

当毛泽东与黄炎培握手时,毛泽东十分高兴地说:"任之先生,我们二十多年不见了!"

黄炎培感到十分的愕然,他说:"毛先生,我们这是第一次见面啊!"

毛泽东见黄炎培疑惑不解的样子,笑着说:"任之先生,1920 年 5 月在上海,江苏省教育会欢迎杜威博士,你在演说中说,中国一百多位中学毕业生,升学的只多少多少,失业倒有多少多少,这一大群听众中有一个是毛泽东。"

黄炎培听了毛泽东的解释,才恍然大悟,是啊! 哪里能够想到在当时上海演讲的听众之中,竟会有一位如今成为中国共产党领袖的毛泽东啊！此时黄炎培顿感无比的亲切，他与毛泽东之间的距离仿佛又拉近了许多，黄炎培感觉到他们和中共人士之间又增加了一种信任感。

上世纪 20 年代，黄炎培并未见过毛泽东，但认识陈独秀、李大钊等中共人士。在中国共产党成立前，陈独秀常来中华职教社寻访黄炎培交谈。1921 年，黄炎培耳闻中国共产党即将成立，友人沈肃文建议他去联系李大钊，于是黄炎培专程北上，到北京拜访李大钊先生。两人相谈甚洽，谈到形势、谈到各自的做法，相约今后密切合作。之后，黄炎培编辑的《申报》特刊上发表了李大钊的长文《1871 年的巴黎康妙恩》（即巴黎公社）。

以后，黄炎培虽与中共人士有所接触，但只属于友人之间的联系，黄炎培虽然知道友人是中共人士，但是友人并没有正式公开自己以中共人士的身份与黄炎培联络。最早代表中共中央与黄炎培正式联系的是毛泽东的老师徐特立，徐特立是黄炎培的学生。

1938 年初，徐特立在武汉拜访黄炎培，第一次恰巧黄炎培不在，徐特立便留下字条，自称是江苏省教育总会讲习班学生。第二次又访，二人各抒己见、相见如故。以后的来往就更多了。

1938 年 5 月 18 日，汉口生活书店的职工举行茶话会，黄炎培又结识了周恩来，并为周恩来的讲演击掌称好。不久，黄炎培与周恩来在出席武汉举行的国民参政会时，又结识了董必武、吴玉章、秦邦宪、林伯渠、邓颖超等中共人士。黄炎培与中共人士虽然是初次相识，但是共同的愿望，使黄炎培与中共人士的心连在了一起。

9. 延安见闻

在延安，黄炎培与毛泽东虽然初次相见，可是当黄炎培一见到毛泽东神态和气质不凡的领袖风度，心中兴奋之情油然而生，特别是毛泽东诚挚情感的真诚流露，更使黄炎培感到由衷的激动，他仿佛从中共领袖毛泽东的身上看到了中华民族的希望。

黄炎培作为曾是孙中山领导的中国同盟会中的革命元老,在当时中国有较大影响的杰出人物,能对中国共产党的领袖毛泽东产生一种油然而生的敬重,这并不是黄炎培的一时冲动,这是黄炎培对当时中国社会现实认真分析与观察的结果,这是黄炎培人生六十多年来所历经艰难曲折的生活积累,这也是黄炎培对蒋介石与国民党政府所产生信任危机的一种直觉。

黄炎培不仅是一位著名社会活动家、卓越的教育家,也是一个才气横溢的诗人、书法家。可是黄炎培也十分清楚地知道眼前的这位中共领袖毛泽东,他不仅是个伟大政治家,也是一位才气横溢的诗人与具有大家之气度的书法家。他知道在毛泽东的艺术中,诗词书画、笔墨纸砚也已成为其做统战工作的一种载体,无论毛泽东信手拈来、或精心布置,或偶尔谈及,或相互吟唱,都寓意一种十分深刻含义。所以黄炎培对毛泽东早已有着一种敬仰之意,今天两人能在延安初次见面,更使黄炎培有一种相见恨晚之感觉。

黄炎培、褚辅成、冷遹、傅斯年、左舜生、章伯钧等六人到达延安的这一天,正是中国共产党成立二十四周年纪念日。黄炎培一行先到王家坪十八集团军总司令部向中共领导人致贺。午餐后,他们一行在延安陕甘宁边区政府招待所。小憩后,黄炎培与褚辅成、冷遹三人,不告诉任何人,自由地到延安各处散步,看市容、逛商店,并与商店工作人员十分随便地交谈,问物价和生活情况,了解边区的一些情况与风俗民情。所到之处,黄炎培等人感到样样都十分新鲜。

黄炎培有写诗的习惯,一到晚上,在雪一样白的月光下,在枕上的朦胧之中吟成七律一首:

自重庆之延安

飞下延安城外山,万家陶穴白云间。

相忘鸡犬闻声里，小试族旗变色还。

自昔边功成后乐，即今铃语诉时艰。

廊州月色巴山雨，奈此苍生空泪潸。

第二天，黄炎培早早起了床，五点钟的朝阳给一道山脉挡住，还没有露面，红霞已布满天空，黄炎培感到延安的空气格外的清新，与它接触，产生无法形容的爽快。

早餐后，黄炎培的许多新旧朋友陆续前来看望他，陈学昭、丁玲、陈毅、张仲实、张曙时、范文澜等。

这天下午，毛泽东还邀请黄炎培一行到其住处杨家岭做客。黄炎培走进毛泽东的会客室，立即被挂在墙上的四幅画当中一幅所吸引。黄炎培一眼认出此画是沈钧儒次子沈叔羊之作。画中一把酒壶，壶上有"茅台"二字，壶边上有几个杯子。画上还有他黄炎培题的一首七绝：

喧传有客过茅台，

酿酒池中洗脚来。

是假是真我不管，

天寒且饮两三杯。

这幅画是1943年画的，时值国民党掀起第三次反共高潮。

沈钧儒素有杯酌之好，其儿子沈叔羊"画以娱之"。沈叔羊请黄炎培题词时，黄炎培忽然想起谣传当年红军长征，路过贵州茅台镇时，有人在茅台酒池洗脚，故特意题写了此诗以讽喻。对国民党散布的这个恶毒的谣传，表面上黄炎培装糊涂，说："是假是真我不管"，实际上，"天寒且饮两三杯"已表明他完全不信这个谣传，不但不信，而且还以诗讽之！

　　在当时那种十分严酷的政治气候下,黄炎培真是胆大包天,居然为共产党辟谣、说话! 这在当时的国民党统治区是需要一种多么豪迈的勇气和大无畏的英雄气概啊!

　　如今这幅画竟挂在了中国共产党领袖毛泽东的客厅里! 黄炎培惊异之余,顿觉宾至如归,一种知遇之感,又油然而生。

　　黄炎培在画上题诗,当时只是偶尔想及,只是想寄托对红军的一种情感,可是如今在毛泽东客厅里看到了这幅画。黄炎培意想这画挂在毛泽东的客厅之中这决不是偶然,而是有其特殊的深刻含义,这是毛泽东对他在共产党处于困难之时说公道话的一种表示和引以为慰,这也是毛泽东等中共领袖对黄炎培等爱国民主人士的一种友情,一种想念的方式。

　　这天参加交谈的除了毛泽东外,还有朱德、周恩来、刘少奇、张闻天、林祖涵、任弼时、王若飞。这天,黄炎培特别地激动,故友重逢,畅言不尽。

　　黄炎培向毛泽东与中共领导人谈了他们这次来延安的主要目的和对国内国际形势的看法,黄炎培在谈到国共合作团结时,他再次高度赞扬中国共产党的坦诚态度,并对毛泽东《论联合政府》的各项主张大加赞赏。

　　毛泽东对黄炎培等人说:"国共双方和谈的大门并没有关闭,但是门外有一块绊脚的大石头,这块大石头就是国民党操纵的所谓国民大会。"

　　黄炎培等人表示深有同感。

　　谈话一直在十分友好和融洽的气氛中进行,宾主双方都有一种相见恨晚的感觉,不知不觉之中已到了用晚餐的时候了。

　　晚间,中共中央特意为黄炎培等人举行盛大的欢迎宴会。中国共产党"七大"结束后,还没有返回的代表们都前来作陪。当毛泽东、朱德陪同黄炎培等人步入会场地受到与会者的热烈欢迎。

　　宴会由李富春主持,周恩来致欢迎词后,黄炎培代表几位同行者致答谢辞。黄炎培说:"我们来延安的主要目的,就是想在上层促成全国团结。现今,世界上有一种新趋势,每个角落、每个国家都在由分而合,走向团结一条路使国与国之间,也形成了大联合,如 50 个国家合组的旧金山会议。哪个国家顺应了这个潮流,哪个国家就有生命,反之就将失去生命!"

　　黄炎培稍停顿了一下,使自己激动的感情也逐渐平息后。他接着说:"我们来此第一个目的就是想来看一看,了解一下延安。迄今为止虽然只有一天半,时间短,本没有资格说话,但就我们看到的,这里没有一寸土地是荒芜的,没有一个人闲逛。在政治上,政府对每个老百姓的生命和生活负责。"

　　最后黄炎培用:谢谢诸位的厚待! 结束了他的答谢辞。

　　黄炎培等人在延安五天访问,毛泽东这位中国共产党的领袖就用一天半时间与他们进行会谈,通过交谈双方达成了共识。

　　在这短短的五天里,毛泽东还单独地和黄炎培推心置腹地作了三次畅谈。黄炎培深深感到自己以前对共产党的一种神秘感消失了,他发现的是一个阳光普照下的自由的世界。是啊! 这里虽然没有西装革履的绅士,没有洒香水、穿高跟鞋的女郎,但是有着朴实健壮男子,贤惠纯朴的女性和充满朝气的学生。是啊! 这里虽然没有一寸土地是荒芜的,没有一个人是闲荡的,可是领导们却是那么地和蔼亲切,军民之间的相处,又是多么地鱼水情深,延安政府对每一个老百姓的生命和生活者,又是那么地负责。

　　这一切的一切使黄炎培感到无比的喜悦和十分的惊奇,这不就是我黄炎培几十年以来梦寐以求的大同世界吗? 深受儒家思想影响的黄炎培,认为这种世界也是儒家所认为的大同世界。

　　黄炎培在延安住宿一夜后,就已觉得这延安、这共产党领导下的世界真的给人一种清新的感受,这里处处都能让人感受到自由、民主。没有露面，而红霞却已布满天空，新鲜的空气、纯美的大自然、劳作的人们，黄炎培感到只有这里的天空才是最高的、只有这里的人才是最能融于自然的。当他看到军民共同垦荒种地，看到齐耳的短发、自织的土布，看到街头的意见箱，他再也不能不将这眼前的世界与自己朦胧希望过的理想梦境联系起来，他把这里的一切与城里的绅士式的男子、涂脂抹粉洒香水的女子、飞扬跋扈的大官们对比……

黄炎培被这些朴实、平凡，但纯真、高尚的人们所打动了，从而他心中的天平指针完全偏向了中国共产党领导下的延安。

在延安，黄炎培曾对中共高级将领们谈了自己对他们的印象。他说："一般人一定想象你们中共许多鼎鼎大名的高级将领个个都是了不起的猛将，说不尽有多可怕，飞扬跋扈得了不起。哪里知道，一个个都是朴实稳重，沉静笃实中带着文雅，谈笑风生，随便的很，一点也没有粗犷傲慢的样子。我们无话不说，恰如古人说的'如坐春风之中'"。

令黄炎培最为敬佩的，还是毛泽东作为政治领袖的高超的驭人之术。有两件事更加深了他的这种感受，一个秧歌剧《兄妹开荒》，另一个"吴有满运动"。

《兄妹开荒》内容是号召边区的人民搞好生产大运动，做到丰衣足食：同时识字扫盲，挖掘潜藏在农民心底对翻身解放的渴望。这个戏的编剧与演员几乎全是从大城市中来的知识分子和青年学生，他们本身是见识不殊，而甘心为共产党所用，这比起在国民党统治区内的知识分子怨声载道的处境是不可同日而语的。

"吴有满运动"的主人翁吴有满，则是离延安二三十里外吴家集的一个普通农民，因种地种得非常出色，而且把周围的农民也带动了起来，取得了很大的成绩，边区政府就授予他"模范"的光荣称号，并以此在各地开展了大规模的学习吴有满的运动，这样一来边区的农业生产搞得轰轰烈烈、有声有色。

为此,黄炎培十分感慨地说:"他们常常抓住一个人或一个地方办出的优秀成绩,来扩大出一个运动。"并以此,黄炎培把它作为一个新的发现,认为中共领袖毛泽东等人的做法,确实不失为调动人们积极性的一种好的方法。

对延安时的所见所闻,使黄炎培感慨万千,他没有想到中国共产党竟能在十分艰苦的条件下迅速地成长起来,成为中国人民爱戴与信赖的振兴中华的希望之星。特别是延安的中华苏维埃政府是为人民服务的政府,真正体现人民意志的人民政府。

10. 窑洞对话

对黄炎培而言,"仁民"始终是他心中的支点,在延安,他十分清楚地看到了这一点,但是当他想到中国历史上可怕的"周期率"时,他又开始为中共今后如得天下之后,如何来管理这个偌大的国家担忧起来⋯⋯

毛泽东看出了黄炎培心中的疑虑,并由此而产生了可与"隆中对"比美的、传世于中华的"窑洞对",也由此而产生了延安"窑洞对"的"周期率"学说,这"周期率"学说,至今仍然为中国共产党人感到得益匪浅,而所信奉,所警示。

在延安时,毛泽东曾单独约见了黄炎培,在约见时毛泽东问黄炎培:"任之先生,来延安考察几天,有什么感想?"

黄炎培深有感悟地说:"我生六十多年,耳闻的不说,所亲眼看到的,真所谓'其中兴也勃焉'、'其亡也忽焉'。一人、一家、一团体、一地方乃至一国,不少单位都没有跳出这个周期率的支配力。大凡初期时聚精会神,没有一事不用心,没有一人不卖力,也许那时艰难困苦,只有从万死中觅取一生。既而环境渐渐好转了,精神也就渐渐放不了,有的因为历时长久自然地惰性发作,由少数演为多数,到风气养成,虽有大力气,无法扭转,并且无法补救。也有为了区域一眇一

眇扩大了,它的扩大,有的出于自然发展,有的为功业欲所驱使,强求
发展,到干部人才渐渐竭蹶、难于应付的时候,环境倒越加复杂起来
了,控制力不免趋于薄弱了。一部历史'政怠宦成'的也有,'人亡政
息'的也有,'求荣取辱'的也有。总之,没有能跳出这个周期率。中
共诸君从过去到现在,我略略了解的了,就是希望找出一条新路,来
跳出这个周期率的支配。"

毛泽东略加思索后回答说:"任之先生,我们已经找到新路,我们
能跳出这周期率。这条新路,就是民主。只有让人民起来监督政府,
政府才不敢松懈。只有人人起来负责,才不会人亡政息。"

黄炎培说:"润之先生,我想这话是对的,只有把大政方针决之于
公众,个人功业欲才不会发生。只有把每一地方的事,公之于每一地
方的人,才能使地地得人,人人得事。把民主一来打破这个周期率,
怕是有效的。"

毛泽东笑了笑说:"任之先生说得好,民主很重要,但要管理好我
们的国家,还需要各方面仁人贤士的积极配合,万望先生能继续
支持。"

黄炎培说:"一定一定,只要中国共产党坚持为人民谋福祉,我想
大家一定会竭力协助与支持的。"

11. 延安归来

延安归来后,黄炎培马上决定将在延安访问的所见所闻以日记
形式整理出来,并自提书名《延安归来》。书中记载着黄炎培在延安
的所见所闻和与中共领导人毛泽东、周恩来、朱德等人的亲切交谈,
以及黄炎培在延安五天的日记和自己的感想。《延安归来》共分三个
部分,第一部分是"延安归来答客问",回答作延安之行的动机;以什
么名义去延安访问的;他们对时局的看法;对延安的观感;对延安人
物的印象;延安的政治作风;和中共中央领导人正式谈话的经过情

形;延安归来后准备什么;国共合作的前途怎样;第一部分十分明了地回答了人们共同关心的与期待了解的问题。第二部分是访问延安五天的日记。第三部分是黄炎培在延安与延安归来后所作的诗词。黄炎培在《延安归来》这本书中十分严正地宣布:"我们不是第三者、不是和事佬,我们是国民,我们是有主张的。""问题的利害,已经明明白白,更没有怀疑的余地了。吾人服务,苟利于国,成败应非所计。"黄炎培在延安归来最后部分用诗二首《自重庆之延安》和《延安去》作为书的结束。

《延安归来》这本书黄炎培写得很快。但是为了看看反映,他先将自己的日记在《国讯》杂志上分两期发表了两天。没有想到读者的反应十分强烈,杂志的销量数迅速猛增,说明书中所阐述的内容是很受民众关注与欢迎的。可是国民政府对此反应十分反感,于是有一些国民党的有关人士出面"善意"地提醒黄炎培说:"你的这些观点还是不要发表为好。"有的说:"黄任之,你在延安的所见所闻,是共产党做给你看的,文章发表对党国不利。"

黄炎培对这些"善意"的劝告,采取听之任之不作任何表示的态度,但是他的心里十分明白自己应该怎么做。

黄炎培将全书写成后,按照当时图书报刊都必须把原稿送国民党政府机关检查,可黄炎培知道这本书如送去检查,就必定会被扣留,即使是黄炎培据理力争,国民党政府如碍于自己的声望与地位,也会被搁置一年半载地拖延下去,或者会被删的体无完肤,改得面目全非。

于是当时《国讯》书店的负责人和黄洛峰、石西民商量,还请教黄炎培好友张志鹤等人。他们一致认为,如果黄炎培同意,索性就不送检而自行出版发行,用这本书打头阵发动一个"拒检运动"。还商定,在这本书"拒检"出版后,重庆的杂志界和新闻出版业立即响应。

对于国民党从1931年以来实行的报刊图书制度,文化界更是恨之入骨,就在一个多月前的 6 月 9 日,黄炎培曾向宪政实施协进会提出了"废止图书杂志事先审查案"。所以《延安归来》送检的顾虑告诉黄炎培时,黄炎培完全有同感,所以当向他提出"拒检"的意见时,黄炎培决然同意了。他不仅同意《延安归来》不送检查,并同意将此书作为带着发起"拒检运动",同时愿意承担由此发生的风险与后果。黄炎培这十分果断与勇敢的行动,使来人感到十分信服与惊讶!大家都知道黄炎培的为人、行事是非常谨慎与稳健的,在他去延安之前,他是决不可能如此决断的。

大家知道在此时发动这样一个"拒检运动",是要冒着巨大的危险的,对大权在握的国民党政府的挑战,这力量是绝对的悬殊,国民党随时随地可以依"法"查封这些出版《延安归来》的图书杂志出版社。面对这样的状况,黄炎培心中是有数的,他为了不使大家为他担心,他十分真诚地说:"这就做'吃了砒霜药老虎',一定会拼个鱼死网破的!"

《延安归来》书稿,于 7 月 30 日,发交给重庆南岸润华印书馆,以迅雷不及掩耳的方式突击出版。仅仅八天时间就发行了。

《延安归来》一书,自 1945 年 8 月,由重庆国讯书店出版后,人们竞相阅读,这消息就不胫而走,全国各地的读者纷纷要求再印,此书前后共印刷了十几万册。这本七十多页的小册子在国民党统治区的重庆、上海、昆明、成都等地产生了巨大的政治影响。

《延安归来》的出版从政治上是一件可以大书特书的历史大事,从文化上也是一件值得大书一笔的历史大事。由于《延安归来》一书是拒不送检而自行出版的第一本书,它的意义不仅在于冲破了国民党政府法西斯专制的图书杂志审查制度,而且代表着文化界人士开始吹响了彻底觉醒的冲锋号角。

《延安归来》出版的当天,国民党特务就四处查禁。他们原以为这必定会是《新华日报》社出版的,就到《新华日报》门市部抢去了一批，可一看这不是《新华日报》社出版的，是国讯书店出版发行的，就匆匆忙忙地到国讯书店来查禁，可国讯书店早已将书全部批发出去了。为了扩大影响，国讯书店率性在8月9日《新华日报》头版刊登了大幅《延安归来》的出版广告。初版两万册，几天内一销而光，成为大后方轰动一时的畅销书。

"拒检运动"已起，黄炎培的行事，既经决定，就义无反顾，于此，黄炎培又发起了十六家杂志的"联合声明"，后来逐渐扩大到三十家，在"联合声明"上签字。一个声势浩大的拒检运动就这样蓬勃兴起了。并在这基础上成立了重庆杂志界联谊会，推选黄炎培、叶圣陶和金兆梓为召集人。在黄炎培的发起下，后来终于发展到重庆的四十多家杂志也参加到不送检的行列。这样和国民党政府目不转瞬地相持了一个多月，国民党政府迫于形势，终于在9月22日的国民党举行第十次中常会上通过决议，宣布从10月1日起撤销对新闻和图书的检查。

延安归来后，使黄炎培在国民党与共产党的感情天平上，完全产生了一边倒。黄炎培的这种真挚感情也表达了当时国民党统治区大部分高、中层人士心中的希望。

这个希望就是有一个生气勃勃的形象，去取代另一个死气沉沉的形象。希望在延安，希望在中国共产党。

后　记

阅读黄炎培：加快现代职业教育体系建设

　　黄炎培(1878—1965)先生是中华职业教育社(1917)创办者，现代职业教育开拓者和中国现代职业教育思想奠基者。在许汉三编《黄炎培年谱》(1985)一书中，将黄炎培一生分为三个重要的时期，即从事教育研究和创办职业教育时期(1902～1937)；参加爱国民主运动时期(1937～1949)；从事政治活动，社会活动和领导民主建国会工作时期(1949～1965)。就其他的著作、文章、诗歌和演讲涉域辽阔，特别是关于职业教育的文章、讲演报告彰显博奥思想精神，关于职业教育思想的体系庞大而严谨。毫不夸张地说，在我们当今时代，就职业教育思想的深度和广度来说，没人能比邻黄炎培。更重要的是，他的职业教育思想不仅是历史的瑰宝，而且对于我国建设现代职业教育体系具有重大的贡献和时代价值意义。

　　在周汉民主任的倡导和推动下，上海中华职业教育社编撰出版《黄炎培职业教育思想读本》(以下简称《读本》)包括学生篇、教师篇、综合篇，各篇独立成册。《读本》的文章除了选择杂志期刊外，主要根据《黄炎培教育文集》(四卷本 1994)、《黄炎培教育文选》(1985)、《八十年来——黄炎培自述》(1982)、《黄炎培职业教育思想文萃》(2006)、《黄炎培日记》(十卷本 2008)、《黄炎培诗画传》(2010)和《黄炎培的故事》(2012)等。编撰的主旨是：通过阅读黄炎培，研究文本,学习和理解先生的职业教育思想的真谛,从而理性地审视当下我国职业教育的现状、寻求破解职业教育瓶颈的策略、确立符合国情的职业教育发展路径和加快现代职业教育体系建设的步伐。

2014年6月23日,改革开放1978年以来的第七次全国职业教育工作会议召开。这次会议印发《国务院关于加快发展现代职业教育的决定》,从6个方面提出加快发展现代职业教育的28条政策措施。与之相配套,教育部等部委印发《现代职业教育体系建设规划(2014—2020)》,对体系架构、重点任务、制度保障和机制创新进行总体部署。事实上,发展现代职业教育的顶层设计的完成,并不意味着"全民共识"已经形成;或者说职业教育的"国家战略"还未成为"全民的自觉行动"。为此,《读本》将为职业院校学生、职业教育教师、办学者和职业教育研究者提供学习职业教育思想的文本。

学习《读本》,一是掌握,职业教育思想的内涵,黄炎培指出,"用教育的方法,使个人依其个性,获得生活的供给,发展其能力,同时尽其对群之义务","包括对己谋生与对群服务,实是一物两面"。二是熟悉关于职业教育的目的、功能与作用,如职业教育的目的就是"谋个性之发展"、"为个人谋生之准备"、"为个人服务社会之准备"、"为国家及世界增进生产力之准备"。其核心是"为个人谋生做准备"。并把它概括成为,"使无业者有业,使有业者乐业"。三是科学确立职业教育办学方针和办学原则,即社会化、平民化、科学化的办学方针以及适应社会需要、注重实用的办学原则。认为职业教育必须面向社会,积极主动地适应社会发展需要。在办学宗旨、培养目标、办学组织和形式、课程和专业设置、招生规模、培养规格教学安排上都要根据社会需要而定,实现职业教育的社会化。四是选择职业教育培养模式和树立质量规格,如"工学结合、工读交替"的培养模式。黄炎培指出"工读制度是教育与生产劳动相结合的一种有效形式,把读书与做工、理论与实践教学结合起来,提出职业教育要坚持"知能并重、人格完整"的质量规格。五是遵循职业教育教学原则,如"首脑并用"、"双手万能"、"学做合一"、"理论与实际并行、知识与技能并重"的教学原则。六是有效开展职业道德教育,基本要求可概括为:"敬业乐群"。"敬业"就是要热爱从事的职业,树立正确的职业观,并尽心尽责地干好,为社会和人类多作贡献;"乐群"就是要有高尚情操和群体合作精神。同时他也指出,要有"金的人格,铁的纪律"。七是全社会形成"大职业教育思想"。黄炎培关于"大职业教育思想",他明确提出,"只从职业学校做工夫,不能发达职业教育;只从教育界做工夫,不能发达职业教育;只从农、工、商职业界做工夫,不能发达职业教育"。首先"办职业学校的,须同时和一切教育界、职业界努力沟通联络;提倡职业教育的,同时须分一部分精神参加社会的运动"。

概而言之,学习《读本》不是仅仅知道黄炎培的文章、论断、观点,而是要努力提升到对黄炎培职业教育思想的现代价值及其意义的认知层面,逐步形成"面向人人的职业教育"社会环境和自觉、抉择的行为。

马庆发

华东师范大学教育科学院教授、博士生导师

上海中华职业教育社理论研究委员会主任